MUSEUM

MUSEUM

OTEL I

TAPDONG CINEMA

발간에 부쳐

앞으로의 세대 모두가
다양한 지역과 교류하기 위해서는
'디자인적 관점'이 매우 중요한 요소가 되리라 생각합니다.
이 디자인적 관점이란
오래도록 지속할 가치와
본질을 지닌 물건을 꿰뚫어 보고
그것을 모두가 쉽게 이해하고 즐길 수 있도록 돕는
창의적인 연구를 말합니다.
인구 밀도가 높은 대도시에서 시작하는 유행과는 달리
다소 지역색이 강하더라도 그 안에 숨은 '개성'을
단서로 삼아
그 지역을 찾아가는 데 도움이 될 만한
구체적인 디자인적 관점을 가진 관광 가이드가
필요하다고 생각합니다.
그러한 마음으로 우선 일본 47개 도도부현을 시작으로
세계 각 지역까지 한 권 한 권
모두 같은 항목으로 취재하고 편집하여
페이지 수를 통일해 발행해 나갈 것입니다.

d design travel
발행인   나가오카 겐메이ナガオカケンメイ

A Few Thoughts Regarding the Publication of This Series
I believe that a "design perspective" will become extremely
important for future generations, and indeed people of all
generations, to interact with all areas of the world. By "design
perspective," I mean an imagination, which discerns what has
substance and will endure, and allows users to easily understand
and enjoy innovations. I feel that now, more than ever, a new
kind of guidebook with a "design perspective" is needed.
Therefore, we will first cover the 47 prefectures in Japan, and
then each region of the world. The guidebooks will be composed,
researched, and edited identically and be similar in volume.

Our editorial concept:
- Any business or product we recommend will first have been
  purchased or used at the researchers' own expense. That is to say,
  the writers have all actually spent the night in at the inns, eaten at
  the restaurants, and purchased the products they recommend.
- We will not recommend something unless it moves us. The
  recommendations will be written sincerely and in our own words.
- If something or some service is wonderful, but not without

편집 일러두기

- 반드시 자비로 이용한다.
  실제로 숙박하고, 식사하고, 물건을 구매하여 확인한다.
- 솔직하게 느낀 점을 자신의 언어로 표현하고
  진심으로 감동하지 않은 것은 소개하지 않는다.
- 다소 문제점이 있더라도 훌륭하다고 생각한다면
  그 문제를 숨김없이 밝히며 추천한다.
- 취재 당사자의 원고 확인은 사실 확인에 그친다.
- 롱 라이프 디자인적 관점으로 오래 지속될 수 있는
  것만을 소개한다.
- 사진은 특수 렌즈를 사용하여 과장하거나 꾸미지 않고
  있는 그대로의 모습을 촬영한다.
- 소개한 장소와 사람과는 책 발행 이후에도 꾸준히
  교류를 이어간다.

취재 대상 선정에 대하여

- 지역다운 것이어야 한다.
- 지역의 소중한 가치와 메시지를 전하고 있어야 한다.
- 지역 사람이 하는 일이어야 한다.
- 가격이 합리적이어야 한다.
- 디자인에 대한 연구가 있어야 한다.

SIGHTS
지역을 알다
To know the region

CAFES
지역에서 차를 마시고,
술을 마시다
To have tea
To have a drink

RESTAURANTS
지역에서 식사하다
To eat

HOTELS
지역에서 숙박하다
To stay

SHOPS
지역 상품을 구매하다
To buy regional goods

PEOPLE
지역 핵심 인재를 만나다
To meet key persons

problems, we will point out the problems while recommending it.
- The businesses we recommend will not have editorial influence.
  Their only role in the publications will be fact checking.
- We will only pick up things deemed enduring from the "long life
  design" perspective.
- We will not enhance photographs by using special lenses. We
  will capture things as they are.
- We will maintain a relationship with the places and people we
  pick up after the publication of the guidebook in which they are
  featured.

Our selection criteria:
- The business or product is uniquely local.
- The business or product communicates an important local
  message.
- The business or product is operated or produced by local people.
- The product or services are reasonably priced.
- The business or product is innovatively designed.

Kenmei Nagaoka
Founder, d design travel

제주의 열두 달

탐라국 입춘굿 (제주시)

1만 8천 신이 사는 섬 제주. 그 신들이 천신에게 불려 가는 '신구간' 기간이 끝나면 무당이 신들을 불러들이는 '탐라국 입춘굿'이 열린다. 구도심에서 진행되는 '길거리 퍼레이드'는 지역 주민도 다 함께 즐기는 축제다. ©Zian Yoo

성산일출축제 (서귀포시)

유네스코 세계자연유산 '성산일출봉' 앞에서 신년을 맞이하는 카운트다운 이벤트. 겨울의 차가운 바람 속에서 음악과 춤 공연이 열리고, 신년 카운트다운과 함께 불꽃놀이도 진행된다.

4·3 희생자 추념식 (제주시)

'제주 4·3 사건'(102쪽)은 제주의 역사를 논할 때 절대로 빼놓고 이야기할 수 없다. 희생자를 추도하기 위해 매년 4월 3일 오전 10시가 되면 제주 전역에 사이렌이 울린다. '제주 4·3 평화공원'에서 열리는 추념식은 이 섬이 지닌 슬픔을 잊지 않기 위한 것이다. ©제주 4·3 평화공원

제76주년

4·3

희생자 추념스

2024년 4월 3일(수) 10:00 / 제주4·3평화공원

1 JANUARY 2 FEBRUARY 3 MARCH 4 APRIL 5 MAY 6 JUNE

제주북페어 (제주시)

매년 3월 말부터 4월 초 '한라체육관'에서 개최된다. 작은 출판사나 독립서점 등 200여 팀이 참가하는 대규모 책 박람회에서는 제주의 문화지 《iiin》도 만날 수 있다. ©제주북페어

Play Book!
책문동회!

코리아커피위크 제주 (제주시)

제주 곳곳에 자리한 맛있는 카페가 한자리에 모인다. 입장권을 구입하면 제주의 흙으로 만든 자그마한 공식 컵을 기념품으로 제공한다. 에스프레소, 스위트, 블루잉 존으로 구분된 각 부스를 돌면서 자기에게 맞는 커피를 맛볼 수 있다. ©Korea Coffee Week, Jeju

청수곶자왈 반딧불이축제 (제주시)

매년 여름 청수리 곶자왈에서는 '청수리 운문산 반딧불이'를 볼 수 있는 축제가 열린다. 이 축제는 지역을 사랑하고 지키겠다는 지역 주민들의 마음에서 시작했다. 꽤 깊은 산속까지 들어가야 하므로 다른 참가자와 동행할 수 있는 이 기회를 꼭 활용하자. 반딧불이는 빛과 소리에 민감하므로 둘러볼 때는 숨을 죽이고 주의하도록 한다. ©Moongmung

설문대할망 페스티벌 (제주시)

'설문대할망'은 제주의 탄생 신화에 등장하는 거인 여신이다. 이 여신을 기리는 축제가 제주돌문화공원에서 무용, 음악 공연 등과 함께 열린다. 초록이 펼쳐진 곳에서 열리는 야외 이벤트는 날씨 좋은 계절 5월에 제주를 즐기기에 안성맞춤이다.

제주비엔날레 (제주 전역)

2년에 한 번, 세계 각국과 지역의 예술품이 제주에 모인다. 2023년 1월, 태국의 리크리트 티라바니자(Rirkrit Tiravanija) 씨의 전시는 특히 감동적이었다. '지역과 함께, 사람과 함께'라는 표어 아래 예술을 주제로 열리는 제주의 첫 비엔날레. 2년 후에도 다시 방문하고 싶다!

제주해녀축제 (제주시)

매년 9월 셋째 주 토요일, 제주 전 지역의 해녀가 모인다? 제주시 구좌읍에 위치한 '해녀박물관' 주변에서 열리는 축제다. 지금도 물질을 하는 현역 해녀와 만나 이야기를 나눌 수 있으며 해녀들이 직접 잡은 해산물도 맛볼 수 있어 좋다. 뿔소라구이나 성게국수, 해산물전, 제주 막걸리도 꼭 먹어보자.

탐라문화제 (제주시)

2024년에 제63회를 맞이하는 제주의 역사 있는 문화 이벤트다. 거리에서는 남녀노소 할 것 없이 수많은 제주 도민이 모여 제주를 전하는 '탐라 퍼레이드'가 열리는 등 이 시기에 제주의 구도심은 활기로 넘친다.

7 8 9 10 11 12

JULY   AUGUST   SEPTEMBER   OCTOBER   NOVEMBER   DECEMBER

제주국제관악제 (제주 전역)

제주 실내외 곳곳에서 열리는 국제음악제다. 특히 탑동 d 제주점 옆에 있는 야외 공연장에서 저녁 해가 지는 바다를 바라보며 감상하는 공연은 제주의 여름을 더욱 만끽할 수 있도록 해주기 때문에 기대가 높다. 참가비 무료.

제주감귤국제마라톤 (서귀포시)

2024년 제20회를 맞는 '제주감귤국제마라톤' 완주 메달에는 무려 귤이 디자인되어 있다. 해변을 달리다 보면 제주에서만 볼 수 있는 해녀의 휴식 장소 '불턱'도 발견할 수 있다. 참고로 제주 이외 지역 사람이 참가하면 제주감귤 5킬로그램을 선물로 준다.

제주건축문화제 (제주 전역)

어린이사생대회를 비롯해 약 3개월 동안 열리는 건축문화제다. 제주 건축물 답사나 건축 세미나, 영화 상영회, 전시회도 열린다. ©JEJU ARCHITECTURE FESTIVAL

제주올레걷기축제 (제주 전역)

매년 11월 첫째 주 목요일부터 토요일까지 제주올레 코스 중 3코스를 골라 참가자가 모두 함께 걷는 이벤트다. 축제 기간에는 혼자여도 올레길이 외롭지 않다. 육지에서는 물론 도보 여행을 즐기는 해외여행자도 일부러 이 기간에 제주올레를 찾는다. ©Jeju Olle

＊1 d design travel 조사 (2024년 1월 시점)　＊2 한국관광 데이터랩 지역별 분석 (한국관광공사, 2022)
＊3 주민등록인구현황 (행정안전부, 2023)　＊4 한국국토정보공사, 2023
※ (　) 안의 숫자는 전국 평균치
＊1 Figures compiled by d design travel. (Data as of January 2024)　＊2 Korean Tourism Data Lab Regional
Analysis, by Korea Tourism Organization. (2022 Edition)　＊3 Resident Registration Population Status by Ministry
of the Interior and Safety,. (2023 Edition)　＊4 Korea Land and Geospatial Informatix Corporation, 2023
※ The value between the parentheses is the national average.

제주의 숫자
Numbers of JEJU

미술관 등의 수 *1 (122)
Museums

스타벅스커피 매장 수 *1 (108)
Starbucks Coffee Stores

자격등록 건축사 수 *1 (1,013)
Certified architects
Number of institutions
registered under the Jeju-do
Association of Museums

44　28　392

국가지정문화재 *1 (247)
National cultural properties

1년간 관광객 수 *2 (164,923,120)
Annual number of tourists

명

87　68,204,023

도청소재지
Capital

시의 수 *1 (9)
Municipalities

인구 *3 (2,932,874)
Population

명

제주시
Jeju City

2　676,810

면적 *4 (4,821)
Area

km²

오름 수 *1 (0)
Oreum

곳

1,850

368

향토요리
Local specialties

몸국 (돼지고기가 들어간 모자반국)

자리물회 (자리돔 물회)

돔베고기 (도마 채 내놓는 수육)

빙떡 (메밀반죽을 구워 무나물을 넣어 말아 만든 떡)

오메기떡 (차좁쌀 가루로 만든 떡)

Momguk (seaweed soup with pork)
Jari mulhoe (cold soup with damselfish sashimi)
Dombegogi (boiled pork served on a cutting board)
Bingtteok (sticky cakes wrapped in buckwheat dough)
Omegi Tteok (sticky cakes made with foxtail millet)

제주 출신 주요 유명인 (현재 시 명칭, 고인 포함)
Famous people from Jeju

김택화 (화가, 제주시), **강아솔**(뮤지션, 제주시), **강요배**(화가, 제주시), **고희영**(영화감독, 제주시), **고두심**(배우, 제주시), **김석윤**(건축가, 제주시), **서명숙**(제주올레이사장, 서귀포시), **서재철**(사진가, 제주시), **최홍만**(격투기 선수, 제주시), **현기영**(소설가, 제주시), **유영규**(디자이너, 서귀포시) 외

Tekhwa Kim (painter, Jeju City), **Asol Kang** (musician, Jeju City), **Yobae Kang** (painter, Jeju City), **Hiyoung Ko** (filmmaker, Jeju City), **Dooshim Ko** (actor, Jeju City), **Sukyoon Ki** (architect, Jeju City), **Jaecheol Seo** (photographer, Jeju City), **Hongman Choi** (martial artist, Jeju City), **Kiyong Hyun** (novelist, Jeju City), **Yeongkyu Yoo** (designer, Seogwipo), etc.

제주호 차례

CONTENTS

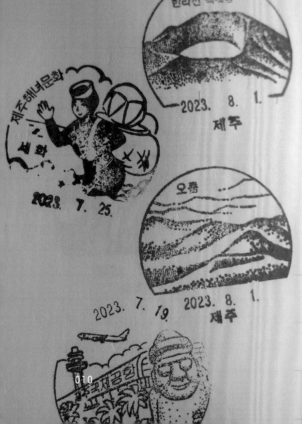

제주의 일상

d design travel 편집부가
발견한 제주도의 평범한 일상
그림·쓰지이 기후미 辻井 希文
글·신도 히데토 神藤秀人

'제주말'이 있다

일본 오키나와처럼 제주에도 독특한 방언이 있다. 이는 육지 사람도 이해할 수 없는 경우가
많아 마치 외국어 같다고 말하는 이도 있다. 비교적 짧은 표현이 많은데 바람이 강한 지역이라
발달했다고도 알려져 있다. 가령 '안녕하세요'는 제주말로 '안녕하우꽈'이며, '감사합니다'는 '고맙쑤
다'라고 한다. 취재하면서도 제주말인지도 모른 채 사용하던 말도 많았으니 꼭 제주 이외 지역 사람에게
도 알려주고 싶다(특집 「알기 쉬운 제주말」112쪽).

결혼식에 '부신랑'과 '부신부'가 있다

보통 한국에서는 결혼식 날 신랑과 신부의 친구가 메이크업 장소나 결혼식장으로 이동하는
일을 돕는데, 제주에서는 친구가 '부신랑' '부신부'라는 역할을 맡아 결혼식이 무사히 진행
되도록 총괄 지휘한다. 부신랑과 부신부는 식의 진행, 이동 차량의 확보, 결혼식 피로연
준비 등을 돕는다. 더불어 실제 식에서는 신랑과 신부 대신 술을 마시거나 노래도
부른다. 식이 끝난 후에도 신랑과 신부가 첫날밤을 지낼 호텔이나 신혼여행을
떠날 공항에까지 배웅하는 역할도 맡는다.

바람이 강하다

예로부터 제주는 바람, 돌, 여자가 많아서 '삼다도'라는 애칭
으로 불렸다. 먼저 사방이 바다로 둘러싸인 지리적 특
성 덕분에 바람이 강하다. 길에 쌓아 올린 돌담은

Normal for JEJU
Ordinary Sights in JEJU Found by d design travel

Text by Hideto Shindo
Illustration by Kifumi Tsujii

Hear the Jeju dialect.
Jeju has its own unique dialect, which is already deemed to
be a foreign language because many of the mainlanders in
South Korea do not even understand it. Many of the words in
the Jeju dialect are relatively short, and apparently, this came
about because of the area's strong winds.

Behold the "sub-groom" and "sub-bride" in wedding ceremonies.
They plan the program of the wedding ceremonies, arrange
transportations, and make preparations for the after-parties.
They also go a step further and drink alcohol and even sing
songs on behalf of the bride and groom during the ceremony.
Their jobs don't end even after the wedding ceremony is over.

바람이 잘 통해 바람길 역할을 한다. 섬에서 흔히 볼 수 있는 돌들은 모두 한라산의 화산 분화로 생겼다. 여성이 많다는 설은 어업으로 바다에 나간 남자들이 태풍으로 돌아올 수 없게 되었기 때문이라고 알려져 있다.

감귤은 사서 먹지 않는다

제주는 한국 감귤의 발상지로, 현재도 생산량의 99퍼센트가 이 섬에서 나온다. 온주밀감을 비롯해 귤 종류가 약 500종에 이르는 등 세계 최대의 감귤 생산지다. 그중에서도 일본의 데코폰デコポン을 이식해 재배한 '한라봉'이 유명하다. 윗부분이 볼록 튀어나온 모양에서 착안해 한국에서 가장 높은 산인 '한라산'에서 이름을 따서 지었다고 한다. 제주도 주민은 근처 농가에서 귤을 나누어 주는 일이 많아 대부분 귤을 사지 않는다.

이사철이 있다

제주에서는 '신구간'이라고 불리는 이사철이 있다. 날짜상으로는 대한 후 5일째부터 입춘 3일 전까지 일주일 정도(1월 25일-2월 1일)로, 이 기간에는 평소에 집에 있는 신들이 하늘로 올라가 자리를 비우기 때문에 이때 이사하면 길하다고 한다. 이때 제주의 주택가에 가면 높은 확률로 이사하는 모습을 볼 수 있다. 마찬가지로 집수리나 화장실 개축 등도 이 기간에 이루어진다. 제주도 이주나 워킹 홀리데이를 고려한다면 참고하자.

Battered by gales.

Its geographical characteristics of being enclosed by the seas mean strong winds! The stone walls piled up in the town serve as windbreaks for the wind to pass through. Many of the stones found on the island were formed by the volcanic eruption of Mt. Hallasan.

No one buys mandarins to eat.

Being the birthplace of "Korean mandarins," Jeju Island still continues to account for 99% of the production. The Jeju locals therefore never buy mandarins, because they just get some from their neighbor farmers.

There's a season for moving.

In Jeju, there is a moving season called "Singugan." According to the almanac, it begins approximately five days after the end of "Daehan" (the coldest day) and lasts till three days before "Ipchun" (vernal equinox). People believe that during this period, the deities who are usually in the houses go up to heaven, so it is auspicious to move during this time.

d design travel JEJU
TRAVEL MAP

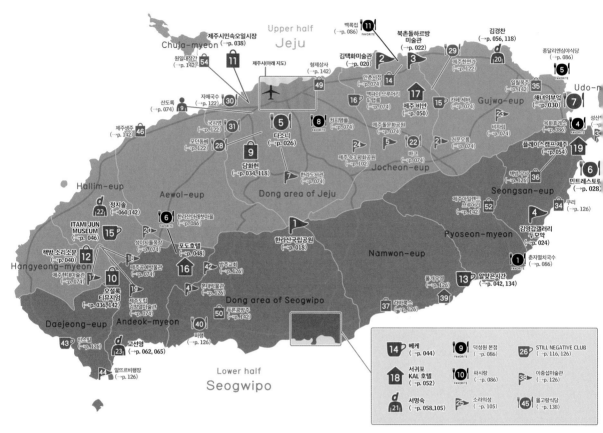

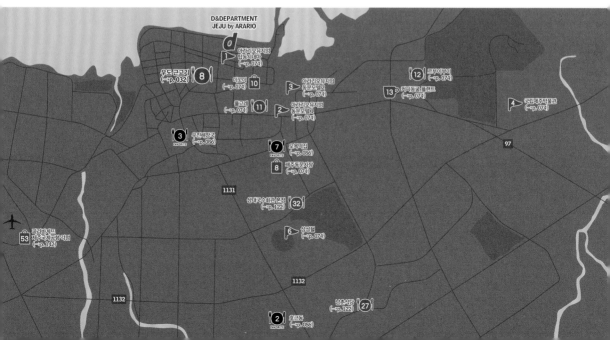

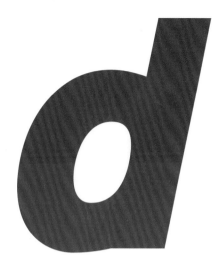

d MARK REVIEW
JEJU

한라산국립공원

제주특별자치도 한라산국립공원관리소
Tel: 064-713-9950 (9951)
입산 가능 시간은 계절별로 상이 (당일 탐방 원칙)
www.jeju.go.kr/hallasan/index.htm

1. 한국에서 가장 높은 산이자 제주도의 상징
약 360곳의 화산(오름)을 지닌 화산섬 제주도의 대명사로,
현무암을 비롯한 등산로의 경치가 '제주다움'을
가장 잘 보여준다.

2. 화가와 사진가도 사랑한 유일무이한 산
여러 아티스트와 디자이너가 작품의 모티브로 삼은 명산이다.
한라산이 있어 탄생할 수 있었던 '생활환경'이 제주에 존재한다.

3. 지역 아이들은 물론 외국인 관광객까지
모두 '가벼운 등산'을 즐길 수 있는 곳[※]
프로 등산가도 만족하며 등산을 즐길 수 있다.
소풍, 수학여행, 연수, 단체 관광객 등 다채로운 등산객을
맞아주는 그야말로 리조트의 산이다.

제주의 시작 제주도에 왔을 때 사람들이 가장 많이 추천한 곳이 '한라산'이었다. 화산섬 제주의 중심에 자리해 있으며, 해발 1,950미터의 높이로 한국에서 가장 높은 산이다. 화산 활동은 약 180만 년 전부터 시작되었다고 한다. 섬 전체를 한 바퀴 빙 돌았을 때 거리가 180킬로미터(차로 3시간)인 제주도는 이른바 한라산의 들판이라고 할 수 있다. 섬 어디에서든 한라산이 보인다는 점도 제주만의 특징으로 여기에는 제주의 대표 지역술인 '한라산 소주'도 빼놓을 수 없다. 라벨에는 산 정상에 있는 분화구 '백록담'이 당당하게 디자인되어 있는데 알고 보니 제주 출신 화가 김택화 씨가 그린 작품을 모티브로 삼았다고 한다. 그런 점에서 어떻게 보면 나는 이번 취재 여행에서 한라산을 하루도 보지 않은 날이 없었다. 취재가 중반에 접어들었을 무렵 드디어 한라산에 오르게 되어 우리는 초보자도 안심하고 걸을 수 있는 '어리목탐방로'로 향했다. 도중에 트레일 러너와 뒤섞이거나 수학여행을 온 학생들, 아이와 함께 온 가족, 아무것도 들지 않고 가볍게 온 외국인 커플 등을 보면서 나중엔 등산이라기보다는 한가로운 공원에 온 듯했다. 그렇다 해도 주변에는 마그마가 굳어 생긴 현무암이 융기해 있고 특수한 식물이나 동물도 서식하는 등 다른 어떤 곳보다 '진짜 제주'가 그곳에 존재했다. 한 시간 정도 올라가자 백록담의 남벽분기점이 모습을 드러냈는데 누구나 그 박력 있는 세계유산의 자태를 본다면 압도될 것이다. 여기에서 '영실탐방로'로도 이어지는데 또 다른 한라산 경치를 즐길 수 있는 길이다(예약 필수로, 정상까지 올라가는 코스도 있다). 제주를 알기 위해 가장 먼저 방문하면 좋을 '섬의 시작'이다.
(신도 히데토)

Mt. Hallasan

1. The highest mountain in Korea and the symbol of Jeju Island.

2. The one-and-only mountain loved by painters as well as photographers.

3. A "casual hike" easy for everyone from the local children to foreign tourists.

Located in the center of Jeju (originally a volcanic island), Mt. Hallasan is the highest point in Korea. It can be seen from anywhere on the island. I finally got to climb Mt. Hallasan together with our editorial supporter. We did the Eorimok Trail that is safe even for beginners. On our hike, we saw students, families with children, and foreigners among trail runners. It didn't so much feel like a mountain hike as a visit in a quiet park. Even so, it felt more like the real Jeju than anywhere else, with rising basalt rocks made of solidified magma, and unique flora and fauna. The Baengnokdam Lake opens up before your eyes after about an hour of hiking or so. This World Heritage Site is, no doubt, overwhelmingly impressive. The first place to visit in order to learn about Jeju is here — the "beginnings of the island." (Hideto Shindo)

※ 어디까지나 산이므로 입산할 때는 반드시 주의해 주십시오.

김택화미술관

제주국제공항에서 차로 약 40분
kimtekhwa.com
10시 ~ 18시 목요일 휴무
제주 제주시 조천읍 신흥로 1
Tel: 064-900-9097

1. 제주가 오랫동안 지녀온 풍경을
전하고 남긴 화가 김택화의 미술관
한라산, 용두암, 전통민가 '초가' 등 제주의 아름다운 풍경을 수집.
약 900점의 작품을 소장하고 있다.

2. 제주 출신 건축가 김석윤의 모던한 공간
로고는 타이포그래피 디자이너 김기조가 디자인했다. 전시실의
콘크리트 벽면에는 늘 100점 이상의 작품이 걸려 있어 들어갈
때마다 압도된다. 제주 대표 소주 '한라산'의 라벨 원화도 전시한다.

3. 아티스트인 아들 부부의 아이디어가 가득 담긴 장소
뮤지엄숍에서는 독창적인 굿즈를 판매하며,
2층에는 제주다운 음료를 마실 수 있는 카페도 있다.

제주가 오랫동안 지녀온 풍경을 그린 화가 제주 출신 화가 고故 김택화 씨는 소년 시절을 제주에서 보낸 뒤 서울로 상경해 서양화로 유명한 홍익대학교에서 그림을 배웠다. 1965년 고향 제주로 돌아왔을 때 다시 바라본 풍경에 마음을 빼앗기고 말았다. 그때부터 평생 제주에서 생활하며 스케치를 포함한 약 2만 점에 이르는 그림에 제주의 풍경을 담았다. 콘크리트로 지어진 근대적 건물이 블록처럼 이어지는 이 미술관은 김택화 씨가 세상을 떠난 뒤 아들이자 조각가인 김도마 씨와 며느리이자 서양화가인 이승연 씨가 10년이라는 준비 기간을 거쳐 2019년에 개관했다. 전시실 문을 열고 들어서면 만나게 되는 첫 번째 방에는 한라산 소주의 라벨 원화를 비롯해 김택화 씨의 생애를 한눈에 파악할 수 있는 패널, 생전 영상 등이 함께 전시되어 있다. 또한 그가 생전에 사용하던 아틀리에도 재현되어 있다. 이 미술관에서 압권이었던 곳이 《제주풍경》 시리즈가 사방에 걸려 있던 제1전시실이었다. 용두암과 성산일출봉, 광치기해변, 백록담 등 제주의 풍경이 각각 서로 다른 크기의 캔버스에 실감 나게 담겨 있어 마치 커다란 작품집을 보는 듯했다. 40년 넘게 '제주도'라는 하나의 주제를 가지고 그리고 싶은 장소에 가서 그 대상과 마주하며 그림을 그려온 김택화 씨. 그러한 작업을 한 화가가 존재했다는 사실에 깊은 감명을 받았다. 독창성이 넘치는 미술관 굿즈도 아주 훌륭했는데 그중 마음에 든 것은 제주를 입체적으로 느낄 수 있도록 제작된 '팝업 북'이었다. 그가 그린 경치를 돌아보며 앞으로도 아름다운 제주를 만끽하고 싶다. (이지나)

Kim Tek Hwa Museum

1. A museum dedicated to painter Tekhwa Kim who preserved Jeju's landscapes through painting.

2. A modern space created by Jeju architect, Sunyoung Kim.

3. A place that has incorporated the ideas of sculptor Doma Kim and his wife.

The late painter Tekhwa Kim grew up in Jeju and moved to Seoul to study painting at Hongik University. Upon his return to Jeju in 1965, he settled down there as he continued to produce roughly 20,000 paintings (including sketches) of Jeju throughout his life. Opened in 2019, the modernesque museum was built after his death by his son, sculptor Doma Kim, and his wife. The reference room is the first to come into view as one enters the exhibition room, displaying his "Mt. Hallasan," panels about his early life, videos of him, and a reproduction of his atelier. The highlight is the first exhibition room with his "Jeju Scenery" series on all four walls. It's like looking at a large collection of works, with Jeju's landscapes realistically depicted on canvases of different sizes, such as Yongduam Rock and Seongsan Ilchulbong. (Jina Lee)

북촌돌하르방미술관

제주국제공항에서 차로 약 40분
www.instagram.com/dolharbangmuseum_official
설날, 추석 당일 휴관
11~3월 9시~17시
4~10월 9시~18시
제주 제주시 조천읍 북촌서1길 70
Tel: 064-782-0570

김택화미술관
Kim Tek Hwa Museum

97

제주국제공항
Jeju International Airport

1118

1117 1131

1. 제주의 석상 '돌하르방'에 대해 자세하게 알 수 있는 유일무이한 야외 뮤지엄

한국에 존재하는 돌하르방 47기를 실제 크기로 재현. 수호신, 표시석, 소원 성취 등 다양한 역할의 돌하르방을 소개한다.

2. 원시림인 곶자왈 안에 있어 손쉽게 제주의 자연을 체험 가능

제주 고유의 자연을 살려서 험준하지만, 안전하게 정비되어 있다. 아열대, 온대, 한대 식물을 볼 수 있는 자연의 보고다.

3. 관장은 예술가 김남흥 씨

관장 김남흥 씨는 화가 김택화 씨를 스승으로 모시고 사진가 김영갑 씨와도 친분이 있는 인물이다. 카페를 비롯해 갤러리, 어린이 도서관, 관광객도 숙박할 수 있는 게스트 하우스 등이 병설되어 있다.

돌하르방을 만날 수 있는 숲 '돌하르방'은 제주 곳곳에서 볼 수 있는 석상이다. 제주말로 '돌 할아버지'라는 의미를 지닌 수호신인데 실제로 어떤 역할을 하는지는 사람들에게 그다지 잘 알려지지 않았다. '북촌돌하르방미술관'은 그와 같은 돌하르방을 관람객들에게 다양한 방식으로 소개하는 야외 미술관이다. '곶자왈'이라 불리는 숲에는 약 250기의 돌하르방과 동자석이 자리하고 있다. 한국에 실제로 존재하는 돌하르방 47기를 실물 크기로 재현해 설치하고, 돌하르방의 역할을 현대적으로 해석하는 등 돌하르방과 관련된 내용을 다채롭게 전시해 소개한다. 전시된 돌하르방 가운데 '경계심을 나타내는 돌하르방'은 성의 안과 밖을 구분하는 경계 표식이나 길을 안내하는 이정표 등의 기능을 지녔다고 한다. 또한 '아이를 점지해 주는 돌하르방'도 볼 수 있었는데 옛날부터 코를 깎아 물에 넣어 마시면 아이를 가질 수 있다는 전설이 있었다고 한다. 그 때문인지 실제로 코가 뭉개져 있었다. '액운을 막아주는 돌하르방'은 마을에 역병이 돌지 않도록 도와주고 재난을 막아준다. 관장인 예술가 김남흥 씨가 만든 현대판 돌하르방도 함께 전시되어 있어서 흥미롭게 살펴볼 수 있었다. 곶자왈은 과거에 화산 폭발로 제주도가 생겨났을 때 용암이 흘러나오면서 갈라져 형성된 암석 지대에 생긴 숲이다. 아열대를 비롯해 한대에 이르기까지 세계 어디에서도 흔히 보기 어려운 자연이 존재하는 이곳을 산책하다 보면 '제주의 정체성'에 매료되고 만다. 미술관을 통해 제주도의 '호흡기'라고 불리는 장소에 쉽게 발을 들일 수 있다는 점 또한 매력적이다. (신도 히데토)

Bukchon Dol Harbang Museum

1. A unique outdoor museum where one can learn deeply about Jeju's carved rock statues, "*dol hareubangs.*"

2. Located in a *gotjawal* (primitive forest), visitors can easily experience the nature of Jeju.

3. The director-cum-artist is Namhoon Kim.

Dol hareubangs ("rock gramps" in local dialect) are everywhere in Jeju. They are supposed to be guardian deities, but not much is known about their roles. An outdoor museum located in a *gotjawal* introducing various dol hareubangs, Bukchon Dol Harbang Museum has about 250 of them and *donjaseok* (children's statues). It also has various exhibits on display, such as life-size reproductions of the 47 *dol hareubangs* that are still intact in Korea, as well as modern reinterpretations of their roles. The "Modern Dol Hareubang" created by Namhoon Kim is also unique. *Gotjawal* refers to a forest on rocky, lava grounds formed in volcanic explosions in Jeju. It is a rare place of nature where plants from subtropical, warm-temperate, temperate, and boreal zones grow. The fact that anyone can easily enter Jeju's "lungs" is irresistible. (Hideto Shindo)

4

김영갑갤러리 두모악

제주 서귀포시 성산읍 삼달로 137

Tel: 064-784-9907

3·6월 9·10월 9시 30분~18시

7·8월 9시 30분~18시 30분

11~2월 9시 30분~17시 수요일 휴관, 신정 및 설, 추석 당일 휴관

www.dumoak.com

제주국제공항에서 차로 약 60분

1. 제주의 자연을 촬영한 사진가
김영갑 씨의 미술관
다랑쉬오름이나 용눈이오름 등 필름 카메라로 담은
제주와 만날 수 있다.

2. 폐교의 교실을 연결해 고인이 20년 동안
작업한 작품을 전시
오름이나 중간산, 마라도, 해녀 등 사진을 통해 제주의 풍경을
볼 수 있다. 생전에 그가 사용하던 아틀리에를 재현한
전시실에는 카메라와 애독서 등도 전시되어 있다.

3. 옛 삼달초등학교를 개조한 건축
운동장이었던 야외정원은 제주의 중산간을 모티브로 김영갑 씨
본인이 직접 조성했다. 조각가 김숙자 씨의 토우와 조각가
김남흥 씨의 돌하르방도 있다.

제주의 풍경을 보는 새로운 '눈' 사진가 고故 김영갑 씨는 1957년 한국 서쪽 지역에 있는 충청남도 부여에서 태어나 제주의 자연 풍경에 매료되어 1985년 제주로 이주했다. 기생화산 '오름'이나 제주도에서만 느낄 수 있는 바람 등을 필름 사진에 담았는데 형편이 넉넉지 않아 동료들의 지원을 받으며 생활했다고 한다. 김영갑 씨는 말년에 근위축성 측색경화증(ALS, Amyotrophic Lateral Sclerosis)이라는 병을 진단을 받았음에도 불구하고 좌절하기는커녕 갤러리 조성에 힘썼다. 그리고 2002년 성산읍에 있는 옛 초등학교 부지에 '김영갑갤러리 두모악'을 열었다. 카메라를 목에 건 돌하르방이 서 있는 야외정원을 지나 갤러리 입구로 향했다. 입장료를 내면 티켓 대신 사진이 들어간 엽서를 받을 수 있어 입장 전부터 기분이 좋았다. 입구 바로 옆 공간은 생전에 김영갑 씨가 직접 관람객을 맞이했던 아틀리에로 조성되어 있었다. 그곳에는 그가 실제로 사용했다는 카메라와 평소에 즐겨 읽었다던 애독서 등도 함께 전시되어 있었다. 아틀리에 공간을 지나 도입 공간에 들어서니 영상실이 나왔다. 거기에서 '두모악관'과 '하날오름관' 등 두 전시실로 이어졌다. 전시실에서는 다랑쉬오름, 용눈이오름과 같은 제주의 풍경이 눈 앞에서 파노라마처럼 펼쳐졌다. 작가의 눈에 비친 제주는 지금까지 내가 보아온 제주를 한층 더 생생하고 매력적으로 느낄 수 있도록 해주었다. 관람객은 갤러리 개관 당시에 학교의 폐자재로 만들었다던 가구에 앉아 저마다 자유롭게 시간을 보낼 수 있다. 새롭게 체험하는 '제주 여행'의 감동과 여운을 멋진 북 디자인의 사진집으로 대신하며 갤러리를 뒤로 했다. (이지나)

Kim Young Gap Gallery Dumoak

1. A museum created by Younggap Kim, a photographer who captured the nature of Jeju in photos.

2. The gallery made of up connected classrooms displays the photos he took over the last 20 years of his life.

3. The gallery is revamped from the former Samdal Elementary School.

The late photographer Younggap Kim was born in 1957 in Buyeo, western Korea. He fell in love with Jeju's natural scenery and moved there in 1985. He shot various things on film, like *oreums* (parasitic volcanoes) and wind, and managed to scrape by with the help of his friends. In his later years, he worked hard to create a gallery despite being diagnosed with Lou Gehrig's disease, and opened Kim Young Gap Gallery Dumoak in 2002 on the site of an elementary school. Right next to the entrance is the atelier displaying his cameras and favorite books where Younggap Kim once greeted visitors. The hallway leads to two exhibition rooms: Dumoak Hall and Hanaloreum Hall. He took panorama photos of Jeju's landscapes (like Darangswi Oreum and Yongnuni Oreum). The Jeju from his eyes is more charming than the real Jeju I'd seen thus far. (Jina Lee)

*2024년 10월 31일까지 보수 공사로 휴관 예정, 방문 시 확인 필요.

5

다소니

제주국제공항에서 차로 약 10분

매주 일요일 휴무

저녁 17시 ~ 21시 (라스트 오더 20시)

점심 11시 ~ 15시

제주 제주시 오남로 6길 24

Tel: 064-752-5533

1. 옹기와 감물 염색 등 제주다움이 녹아든 식당
벽면 통창으로는 거목 팽나무와 감귤밭이 보이며 날씨가 좋은
날에는 한라산도 보인다.

2. 제주의 가정이 연상되는 '비건 한국 요리'
연잎밥이나 들깨 수제비, 비빔밥, 도토리묵 등 도심의 자연
속에서 건강한 식사를 맛볼 수 있다. 직접 만드는 고추장 등
조미료는 옹기에서 숙성한다.

3. 지역 주민도 관광객도 모두 환대받는 가게
식전에 따뜻한 차를 내오는 배려를 느낄 수 있으며 계절마다
달라지는 반찬도 일품이다. 카페 이용도 가능하다.

제주의 집에서 받는 환대 식당 '다소니'는 자연이 풍성한 지역에 자리하고 있으며, 공항 및 도심과도 가깝다. 제주에서 나고 자란 주인 양희순 씨가 어렸을 때부터 친숙한 추억의 장소에 가게를 마련해 꾸려가고 있는 곳이다. 현무암에 새겨진 박력 있는 간판은 서예가인 남편이 직접 썼다고 한다. 돌하르방이 맞아 주는 입구를 비롯해 현관의 옹기와 오브제, 식당 안의 목제 가구, 감물 염색이 된 천으로 만든 방석 그리고 한지 메뉴에 이르기까지, 마치 민예관에 들어와 있는 듯한 느낌이 들었다. 물론 음식은 모두 제주의 옹기에 담겨져 나온다. 자리에 앉으면 가장 먼저 따뜻한 차가 나오는데 그 차에서 주인의 환대와 손님에 대한 배려를 느낄 수 있었다. 다소니의 대표 메뉴는 비빔밥과 연잎밥이다. 산나물이 가득 담긴 비빔밥은 직접 만든 고추장과 함께 나온다. 연잎밥은 연잎으로 싸서 쪘기 때문에 촉촉하면서 좋은 향기가 감돈다. 계절에 따라 달라지는 재료로 부친 전이나 도토리묵 등의 반찬도 아주 일품이다. 식사를 마친 후에는 제주 매실이나 제주 재래종인 당유자 차를 마시면서 한라산을 바라보며 느긋한 시간을 보내기도 좋다. 가게 이름인 다소니는 '사랑하는 사람'이라는 뜻을 지녔다. 커다란 창밖으로 보이는 거대한 팽나무는 예로부터 마을의 평화와 풍요를 기원하던 당산나무였다고 한다. 그런 당산나무 아래에 지금은 건강한 요리와 제주의 자연을 사랑하는 손님들이 모이게 되었다고 양희순 씨는 말한다. 단팥죽의 달콤한 향기가 감도는 추운 계절에 나도 소중한 사람과 함께 다시 방문하고 싶어지는 곳이다. (정인선)

Dasoni

1. A restaurant that blends the essence of Jeju, such as *onggi* (earthenware) and persimmon-tannin dyed stuff.

2. "Vegan Korean cuisine" made with abundant Jeju ingredients.

3. A restaurant where locals and tourists alike can feel the spirit of hospitality.

Dasoni, a restaurant located right in nature yet close to the airport and downtown. Owned by local native Heesoon Yang, Dasoni is situated in a place full of fond, childhood memories. It resembles a folk-art museum, from the dol hareubang at the entrance, onggi at the doorway, wooden furniture and persimmon-tannin dyed cushions, to the paper menu. A cup of hot tea is served right as you sit down, reflecting the owner's hospitality. Dasoni's

signature menu is *bibimbap* and lotus-leaf wrapped rice. The former comes with homemade *gochujang* and plenty of wild vegetables; the latter is tender rice wrapped and steamed in lotus leaves. Side dishes such as savory pancakes and acorn jelly comprising different, seasonal ingredients are also delicious. Enjoy a cup of Jeju plum tea after your meal and relax with views of Mt. Hallasan. (Inseon Jung)

민트레스토랑

제주 서귀포시 성산읍 섭지코지로 93-66

Tel: 064-731-7773

디너 18시 ~ 21시 (라스트 오더 19시 30분), 런치 12시 ~ 16시 30분 (라스트 오더 15시)

11시 ~ 21시, 런치

phoenixhnr.co.kr/en/static/jeju/eating/mintrestaurant

제주국제공항에서 차로 약 70분 (휘닉스아일랜드 입구에서 셔틀버스 승차 가능)

1. 섭지코지의 해안 절벽에 있는 레스토랑

유네스코 세계자연유산 성산일출봉을 차경으로 삼은 모던한 레스토랑. 리조트 시설 휘닉스아일랜드 안에 있으며 먹고 여행하고 묵을 수 있다.

2. 제주 식재료를 사용하는 아트 레스토랑

제주산 돼지고기를 비롯해 오징어나 김 등 맛있게 조리되는 요리를 맛볼 수 있다. 편하게 이용할 수 있는 '민트 카페'가 1층에 있으며 제주의 식재료를 사용한 수제 버거 등도 먹을 수 있다.

3. 안도 다다오安藤忠雄의 건축을 중심으로 식후 산책을 할 수 있는 아름다운 정원

안도 다다오가 설계한 '유민아르누보뮤지엄'이나 스위스 건축가 마리오 보타Mario Botta가 설계한 라운지와 빌라가 자리한다. 소재, 위치, 접객 등 제주 디자인의 '수준'을 경험할 수 있다.

장대한 런치와 디너 제주에 와서 무엇보다 놀란 점은 세계도 인정하는 자연환경(2007년 '제주 화산섬과 용암동굴군'이 세계자연유산에 등록)이 일상에 당연하다는 듯 존재한다는 점이었다. 그중에서도 성산일출봉은 그 규모에 압도되어 소름이 돋을 정도였다. 가까이에서 보아도 엄청나지만, 남쪽에 위치한 해안 섭지코지에서 보는 광경은 장관이었다. '섭지'란 '재능이 많은 토지'를 의미하며 '코지'는 제주 방언으로 '곶'이라는 의미다. 그런 경치를 즐길 수 있는 '민트레스토랑'은 건축가 안도 다다오 씨의 설계로 지어진 근대적 건축물 안에 있다. 일본에서는 감히 명함도 내밀지 못할 정도로 그 입지가 어찌나 훌륭한지, 어떤 의미에서는 요리가 뒷전이 될 정도로 매력적이었다. 그런데 걱정하지 마시기를. 요리도 그에 뒤지지 않을 만큼 아주 맛있다. 현대적 그릇에 담겨 나오는 독창적 요리들은 점심에도 편하게 이용할 수 있다. 1995년 자연보호를 위해 개발된 휘닉스아일랜드는 도쿄 시부야의 '와타리움미술관ワタリウム美術館'으로 잘 알려진 스위스 건축가 마리오 보타 씨가 설계한 건축물도 있는 리조트 시설이다. 반도를 뒤덮는 광대한 부지 안에는 민트레스토랑이 있는 '글라스하우스'는 물론, 19세기에서 20세기에 아르누보의 선두에 섰던 그룹인 낭시파Ecole de Nancy의 유리 공예를 전시하는 유민아르누보뮤지엄 등 문화 시설도 있어 볼거리가 풍성하다. 또한 여름에는 다이빙을 즐길 수 있는 등 계절에 맞게 만끽할 수 있는 액티비티도 잘 갖추어져 있다. 이 모든 것이 있는 그대로 존재하는 자연 덕분에 성립한다. 그 어디에서도 좀처럼 찾아볼 수 없는 제주라는 '대지'에 누구나 사로잡히게 된다. (신도 히테토)

Mint Restaurant

1. A restaurant located on the precipitous cliffs off the coast of Seopjikoji.

2. An "art restaurant" that uses plenty of Jeju ingredients.

3. A beautiful garden with Tadao Ando's architecture as the centerpiece, where you can stroll after your meal.

Seongsan Ilchulbong gives one goosebumps with its overwhelming sense of scale. It's amazing to see it up close, but the view from the southern coast of Seopjikoji is truly spectacular. Offering this view is Mint Restaurant, a modern building designed by world-renowned architect Tadao Ando. Its location, almost unimaginable in Japan, is so wondrous that it takes the highlight away from the food. But rest assured that the food is just as good as the restaurant. A variety of creative dishes served in modern tableware are also available for lunch. The expansive grounds include not only the Glass House that houses the Mint Restaurant, but also cultural facilities such as the Yumin Art Nouveau Museum designed by Ando that exhibits must-see glass craft work of Ecole de Nancy. All these are possible only because of mother nature. (Hideto Shindo)

7

해녀의 부엌

제주국제공항에서 차로 약 80분

7살 이상부터 입장 가능

월요일~수요일 휴무
목요일~일요일 12시, 17시 (1일 2회) 운영
사전 예약 필수

Tel: 070-5224-1828

제주 제주시 구좌읍 해맞이해안로 2265,

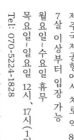

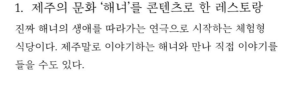

1. 제주의 문화 '해녀'를 콘텐츠로 한 레스토랑
진짜 해녀의 생애를 따라가는 연극으로 시작하는 체험형 식당이다. 제주말로 이야기하는 해녀와 만나 직접 이야기를 들을 수도 있다.

2. 현역 해녀들이 만드는 맛있는 '환대'
제주의 '뿔소라' '군소' '은갈치' 등을 비롯해 현역 해녀들이 만드는 귀중한 환대의 요리를 맛볼 수 있다. 온전히 제주 식재료로만 만든 요리를 뷔페식으로 즐긴다.

3. 과거에 활선어 위판장이었던 장소를 재이용
제주 지역의 어촌과 공생하고 유통구조를 단순화해 해녀의 소득이 증가할 수 있는 구조로 연결한다.

해녀 문화의 체험　해녀가 직접 만든 요리를 먹을 수 있다는 말에 향한 곳은 제주 종달리방파제 앞에 있는 창고처럼 생긴 건물이었다. 12시 오픈과 동시에 캄캄한 공간에 들어서자 해녀가 사용하는 도구인 '테왁' 등이 눈에 들어왔다. '해녀의부엌'은 과거에 활선어 위판장이었던 장소를 식당으로 조성한 곳으로, 정원인 38명 모두가 착석하면 먼저 눈앞에서 연극이 펼쳐진다. 연극은 실제로 제주에서 해녀를 생업으로 삼아온 여성을 주인공으로 삼는데 우리가 방문한 날은 86세 춘옥 씨(날짜별로 교체)의 이야기였다. 그녀의 인생이 몇몇 배우에 의해 박력 있는 연기로 표현되어 보면서 가슴이 뜨거워졌다. 공연이 끝나면 드디어 식사 시간이 시작된다. 흥분을 가라앉힐 겨를도 없이 뷔페식으로 준비된 요리는 톳무침을 비롯해 한천, 뿔소라, 군소 등 현역 해녀가 물질해 잡아 온 해산물을 중심으로 풍성하고 다양하게 마련되었다. 여기에 제주 은갈치로 만든 갈치조림도 테이블에 올랐다. 음식은 모두 해녀가 직접 알려준 요리 방법으로 만들어 더욱 특별했다. 배우이자 대표인 김하원 씨는 제주에서 태어났는데 증조할머니와 할머니 그리고 고모까지 모두 해녀였다고 한다. 그녀는 육지에 있는 한국예술종합학교에서 연기를 공부했다. 그러다 오랜만에 들른 고향에서 해녀가 직접 물질해 잡은 해산물을 적정 가격에 판매할 수 없다는 사실에 위기를 느끼고 동료와 함께 이러한 콘텐츠를 고안했다. 가족을 위해 해녀를 생업으로 삼아온 제주의 여성들. "몸이 힘드니까 내 딸은 해녀가 되지 않기를 바랐다."는 춘옥 씨의 말이 지금도 마음에 남는다. (이지나)

Haenyeo's Kitchen

1. A restaurant that incorporates Jeju's culture of *haenyeos* (female sea divers).

2. Delicious "hospitality" offered by real *haenyeos*.

3. Revamped from a space that was once a fresh fish market.

Once a fresh fish market, it is now a restaurant that can seat 38 people. But before anything, a play unfolds before you. The protagonist is Chunok, an 86-year-old haenyeo making a living in Jeju. Played by several performers, her life offers a glimpse into the complex Jeju culture. The long-awaited meal is served after the play is over — a buffet of seafood dishes caught by actual *haenyeos*. Individual dishes of braised Jeju beltfish with unique flavors were served. Owner Hawon Kim was born in Jeju, and her great-grandmother, grandmother, and aunts were all *haenyeos*. When she visited Jeju for the first time in a while, she felt an impending crisis that seafood caught by *haenyeos* may no longer be available at reasonable prices. It was then she and her friends decided to explore the idea of contents based on *haenyeos* cuisine. (Jina Lee)

8

우도 근고기

제주국제공항에서 차로 약 15분

17시 ~ 22시 (라스트 오더 20시 30분) 일요일 휴무

Tel: +82-70-5224-1828

제주 제주시 북성로 28

제주국제공항
Jeju International Airport

용두암
Yongduam

D&DEPARTMENT
JEJU by ARARIO

제주동문시장
Jeju Dongmun Market

**1. 주인이 직접 숙성하는
제주 재래종 흑돼지 전문 식당**

메뉴는 제주 흑돼지 목살, 오겹살, 명물 '근고기(특정 부위를 정하지 않고 두껍게 자른 고기)' 등 오직 3종류.

**2. 모든 테이블을 돌며 고기를 구워주는
'고기 굽기의 달인'**

'맛있는 때'를 아는 주인 황현동 씨. 주문에서 굽기까지 주인이 척척 알아서 해주기 때문에 처음 방문하는 사람도 안심할 수 있다. 술은 한라산 소주와 제주 막걸리를 마실 수 있다.

3. 고기와 함께 제주를 느낄 수 있는 곁들임 메뉴

고기를 더 맛있게 먹을 수 있도록 해주는 '제주 멜젓'을 비롯해 제주 고사리와 새우, 파스타까지 굽는 창의적인 곁들임 메뉴도 즐길 수 있다.

철판을 지배하는 사람 "이곳은 정말로 지역 주민들만 가는 곳인데 괜찮아요?" 이렇게 말하며 제주 도민이 데려간 곳은 고깃집 '우도 근고기'였다. 커다란 노란색 간판이 눈에 띄는 가게는 진정한 '그 지역의 가게'였다. 가게 바깥에는 평일임에도 불구하고 손님이 줄을 이었고, 가게 안에서는 활기 넘치는 목소리와 구운 고기의 고소한 향기가 넘쳐나 기대감이 저절로 부풀었다. 고기는 제주 흑돼지의 목살과 오겹살 그리고 근고기 등 3종류뿐이었다. 근고기는 특정 부위로 구분하지 않고 두껍게 썬 고기를 말하는데 우도 근고기에서는 이 가게만의 조합으로 고기를 숙성해 하루 일정량만 한정 판매한다. 각 하나씩 주문하자 주인 황현동 씨가 냉장고에서 고깃덩어리를 꺼내 적당하게 잘라 그대로 기세 좋게 철판에 놓았다. 이어서 고사리와 김치 등 채소와 함께 고기를 찍어 먹는 제주 특유의 멸치 소스 '멜젓', 알루미늄 포일에 담은 파스타(?)까지 철판에 올렸다. 서울 출신인 나는 이곳만큼 독창적인 고깃집은 처음이었다. 제주 출신인 황현동 씨는 육지에서 경찰학교를 다녔지만, 어머니가 시작한 식당을 돕기 위해 제주도로 돌아왔다. 그리고 2006년 자신의 가게로 식당 문을 다시 열었다. 직접 숙성한 제주 흑돼지는 기본 황현동 씨가 구워준다. 그가 8개의 테이블을 모두 돌며 고기의 익은 정도를 확인하는 모습도 이 가게의 볼거리다. 흑돼지는 사육 기간이 길어 식감이 쫄깃쫄깃한 게 특징인 듯한데 가본 식당 가운데 이 식당이야말로 제주 흑돼지를 제대로 즐길 수 있는 곳이라고 느꼈다. 구운 고사리나 파스타도 고기와 잘 어울려 감동했다. 아무리 배가 불러도 '흑돼지 라면'은 후식으로 꼭 먹도록 하자. (이지나)

Udo Geun-Gogi

1. A Korean BBQ restaurant specializing in Jeju's native black pork aged by the owner.

2. Restaurant owner is the "Griller" that goes around each table to grill the meats in person.

3. Their menu includes not just meats but sides as well to give you a taste of Jeju.

A truly local restaurant with a yellow digital signboard at its facade. There are lines even on weekdays, and the restaurant is filled with lively voices and the delicious smells of Korean BBQ. They offer Jeju black pork shoulder loin, skin-on pork belly, and *geun-gogi* (a block of meat of no specific part). As customers place orders, owner Hyundong Hwang cuts up the meat into the required sizes and places them on the grill with gusto. He follows it up with greens, Jeju's sardine sauce (condiment for the meat), and even pasta in aluminum foil. For someone like me who grew in Seoul, it was my first time having such a unique Korean BBQ. The highlight of this restaurant is Hwang grilling the meats as he checks their doneness for all eight tables. And even if you are full, be sure to round up your meal with their "Black Pork Ramen." (Jina Lee)

9

제주숨옹기 담화헌

제주 제주시 주르레길 55

Tel: 010-9087-2953

10시 ~ 18시 월요일 휴무

제주국제공항에서 차로 약 30분

www.instagram.com/damhwahun/

1. 제주의 흙으로 옹기를 제작하는
작가 부부의 아틀리에

감귤나무를 모티브로 한 경쾌한 도자기벽 외관이 가마터에
대한 이미지를 완전히 뒤바꿔 준다. 실제로 제작하는 현장을
들여다보고 옹기에 관해 알 수 있는 뮤지엄도 함께 운영한다.

2. 허벅에서 머그컵까지 현대적으로 해석한 옹기

병설된 뮤지엄에서는 찻잔이나 작은 접시 등 현대 생활에
유용한 옹기를 구입할 수 있다.

3. 옹기에 담아 나오는 제주만의 요리

제주의 당유자로 만든 음료를 비롯해 제주산 막걸리를 발효해
만드는 발효빵도 인기. 물론 모두 가게의 옹기에 담아 제공한다.

제주의 작은 옹기 마을 2005년 '담화헌淡和軒'은 처음에 컨테이너 1대로 시작했다. 제주 출신으로 도예를 전공한 정미선 씨, 강승철 씨 부부의 공방으로, 2023년 현재까지 뮤지엄을 비롯해 숍, 카페를 함께 운영해 왔다. 제주의 옹기는 오로지 흙과 물 그리고 불만 이용해 만들어진다. 제주의 흙은 입자가 곱고 미세하고 철분 성분이 많아 성형 후에 잿물(유약)을 바르지 않아도 은은하고 절묘한 광택이 감돈다고 한다. 소성된 옹기는 미세한 구멍을 통해 호흡한다. 한국만의 발효식품인 김치나 막걸리 등을 옹기에 보관했을 때 맛있어지는 이유가 바로 여기에 있다. 참고로 일본 오카야마岡山에서 생산되는 도자기 '비젠야키備前燒'도 같은 방식으로 굽는다. 부부 모두 작가로 활동하는데 아내 정미선 씨는 주부이기도 해서 주로 생활과 밀접한 도구인 컵이나 화병 또는 식기 등을, 남편 강승철 씨는 차와 관련한 도구를 비롯해 항아리나 스툴 등 큰 기물을 제작한다. 카페나 매장 디스플레이에 감귤 상자를 이용한 덕분에 다양한 디자인의 옹기가 더 돋보여 저절로 넋을 잃고 바라보게 된다. "공예는 만드는 이를 통해 탄생하는 것이 아니라 그것을 사용하는 이에 의해 탄생한다고 생각합니다." 이렇게 말하는 두 사람은 자신들이 만드는 옹기뿐 아니라 제주의 옹기를 둘러싼 모든 이야기에 관심을 가지기를 바라고 있다. 취재를 하면서 직접 만든 청으로 내놓는 대추차는 물론이고, 제주 막걸리를 발효해 만든 발효빵에 제주 과일 잼을 곁들여 먹을 수 있어 더욱 맛있었다. 제주라는 섬에서 유일무이한 공예를 아름다운 방식으로 전하는 곳이다. (이지나)

Damhwahun

1. An atelier run by a married couple who produces *onggi* (traditional earthenware) using soil from Jeju.

2. *Onggi* with a modern spin, from *heobeoks* (traditional water jugs) to mugs.

3. Enjoy a menu made with Jeju ingredients in *onggi* tableware.

Run by the Jeju-born, Misun Jeong and Seungchul Kang who majored in ceramics, the former workshop has now expanded to include a store and café in 2023. Jeju's onggi is made only with earth, fire, and water. Jeju's soil is high in iron with light and fine particles, forming a subtle yet superb luster even without adding lye (glaze) after molding. The fired *onggi* has minute pores for air flow, the very reason why Korean fermented foods like kimchi and *makgeolli* (fermented rice wine), taste better when placed in them (Japan's Bizenware is also made this way). Tangerine boxes are used for display at the café and store, with various captivating designs of *onggi*. Their steamed buns made with homemade *makgeolli* were extremely delicious. Damhwahun is propagating inimitable craft in a beautiful way on the island of Jeju. (Jina Lee)

10

오설록 티뮤지엄

제주 서귀포시 안덕면 신화역사로 15
Tel: 064-794-5312
9시 ~ 18시 (하절기 6~8월 19시) 연중무휴
제주국제공항에서 차로 약 40분
www.osulloc.com

1. 불모지에 차밭을 개간해
'차'를 관광 자원으로 끌어올린 곳
카페와 숍을 중심으로 펼쳐지는 약 79만 제곱미터의 차밭 '서광'.
대형 관광버스도 수용할 수 있는 거대한 복합 시설이다.

2. 제주만의 풍토가 만들어내는 맛있는 한국 차
'제주 산지녹차' '제주 구운녹차' '제주 한라암차' 등 뮤지엄
숍에서만 구입할 수 있는 찻잎은 선물로도 좋다.

3. 차밭이나 원생림이 있는 부지 안에서
다양한 체험 가능
티 마스터가 있는 모던한 개별 공간 '티 스톤'. 제주의 차와 귤을
원료로 한 화장품도 구입할 수 있는 '이니스프리'도 인접해 있다.

전통을 되살리는 섬의 산물 "어떤 나라든 대부분 특유의 차가 있는데 한국에는 없다. 어떤 희생을 감수하더라도 한국의 전통차 문화를 되살리고 싶다." 1979년 당시의 태평양화학, 지금의 아모레퍼시픽을 창업한 서성환 씨는 이러한 생각으로 당시 불모지로 여겨졌던 제주도에서 차 재배를 시작했다. 지금은 대형 관광버스가 몇십 대나 주차되어 있고, 연간 200만 명에 이르는 관광객이 찾는 제주도의 대표적인 명소로 탈바꿈해 이제 과거의 모습은 상상할 수 없다. 나는 '오설록 티뮤지엄'에서 열린 전시를 보며 감명을 받았다. 지금이야 한국에서 인기 있는 차 브랜드로 입지가 굳건한 오설록. 그렇지만 현재 눈앞에 펼쳐져 있는 차밭은 남다른 기술과 노력이 있었기에 가능했다. 오설록이 소유한 농장은 제주도에 전부 3곳 있는데 제주의 5가지 자연 요소인 태양과 바람, 물, 흙, 그리고 안개가 어우러져 고품질의 차를 완성한다. 그리고 그렇게 생산된 오리지널 찻잎은 오설록 티뮤지엄 시설 안에서 포장된다고 한다. 특히 흥미로웠던 차는 '제주 한라암차'였다. 한라산의 화산암 대지에서 자란 찻잎으로 만든 반※발효차로, 견과류와 비슷한 풍미가 느껴져 자꾸만 손이 갔다. 게다가 새로운 차 문화를 꽃 피울 수 있도록 제안하는 '티 스톤'에서는 강사가 직접 차 우리는 모습을 보여주고 강좌도 들을 수 있다고 한다. 전망대에서는 한라산과 산방산과 함께 초록이 풍성한 차밭이 끝없이 펼쳐진 모습을 감상할 수 있다. 섬의 은혜를 전통으로 개화한 산업이야말로 바로 기적이 아닐까. 이 뮤지엄이 무엇보다 전해야 할 '보물'은 이 풍경이라고 생각한다. (신도 히데토)

OSULLOC TEA MUSEUM

1. They cultivated tea plantations on barren land, and turned tea into a tourism resource.

2. Delicious Korean teas produced under the unique climate of Jeju.

3. Enjoy a variety of experiences on the grounds of the tea plantations and primary forests.

OSULLOC has now established itself as a popular tea brand in Korea, but the tea fields before us is the result of considerable skill and effort. They have three farms that produce high-quality tea under the five elements of nature unique to Jeju (sun, wind, water, soil, and fog). One product that stood out to me was "Halla Rock Tea" — a semi-fermented tea cultivated on Mt. Hallasan's volcanic rock strata with a moreish nutty flavor. Other popular items include sweets made from tea and tangerines, with flavors unique to Jeju. "Tea Stone" is a space where visitors can take classes and observe tea masters brewing tea. Make your way to the observatory with views overlooking Mt. Hallasan and lush green tea fields as far as you can see. The industry that has turned the blessings of the island into a tradition is truly a miracle. (Hideto Shindo)

11

제주시민속오일시장

제주 제주시 오일장서길 26

Tel: 064-743-5985

7시 ~ 19시 매달 2일、7일、12일、17일、22일、27일 개장

jeju5.market.jeju.kr

제주국제공항에서 차로 약 10분

1. 100년이 넘는 역사를 지닌 국내 최대 규모의 민속시장

출점 가게 수는 약 1,000곳. 제주 도민도, 관광객도 모두 방문해 활기가 넘친다. 5일에 한 번 열리는 한국 특유의 오일장이다.

2. 계절 식재료는 물론 의류품, 대장간 등 다종다양한 물건 구입 가능

제주 흑돼지, 갈치, 한라봉, 고사리 앞치마, 제주 나대 손도끼, 구덕(바구니) 등 제주의 물건들이 한곳에 집결. 가게마다 간판에 일러스트가 그려져 있어 찾기 쉽다.

3. 65세 이상 할머니들만 나오는 '할망장터'

할망은 제주말로 할머니로, 할망장터는 할망들만 모여 물건을 파는 특별 구역이다. 곳곳에서 들려오는 제주말과 함께 제주다운 풍경을 즐길 수 있다.

제주도민의 생활을 엿보다 한국에서는 5일마다 열리는 시장이 많다. 그중에서 최대 규모를 자랑하는 시장이 '제주시민속오일시장'이다. 제주국제공항에서도 가까워 매달 2와 7로 끝나는 날짜가 되면 지역 주민은 물론 관광객 등 수많은 사람이 너 나 할 것 없이 이 시장을 방문한다. 시장에는 일상생활에 필요한 농수산물 식재료나 의류품은 물론 약초, 농기구, 화훼 등도 판매한다. 정말 없는 것이 없을 정도로 다양한 물건을 구경할 수 있는 곳이다. 시장에서 '제주다운 것'을 찾는다면 대표적으로 빙떡이나 감귤, 고사리 앞치마, 현무암으로 만든 생활용품 등을 들 수 있을 것이다. 나는 이 시장에 갈 때마다 반드시 제철 과일을 구입한다. 시장의 묘미라면 역시 가격 협상이다. 대형 마트나 편의점에서는 불가능한 가격 협상도 이곳에서라면 얼마든지 가능하다. 제주시민속오일시장의 특별한 점을 꼽는다면 바로 '할망장터'를 빼놓을 수 없다. 65세 이상 할머니들이 직접 재배하고 수확해 들고 나온 채소나 나물 등을 판매할 수 있도록 마련한 구역으로, 할머니들은 선착순으로 자리를 잡아 장사를 한다. 할머니들은 단골과 안부를 주고받으며 자신이 가지고 나온 물건 가운데 가장 좋은 것을 골라 담아준다. 그런데 그것도 모자라 장바구니가 가득 찰 정도로 이것저것 많이 챙겨준다. 이 오일장은 약 100년 전, 제주시 중심부에 있는 가장 오래된 목조 건축물이자 제주 광장 문화의 중심이었던 '관덕정'에서 시작되었다고 한다. 현재는 약 5만 제곱미터 부지에 약 1,000개의 가게가 문을 열고 손님들을 맞이한다. 언제 방문해도 제주의 생활과 만날 수 있는 장소다. (박유빈)

Jeju City Traditional Five-Day Market

1. One of the largest traditional markets in Korea dating back to over a century.

2. Offers a large selection of products such as clothes and blacksmithing on top of seasonal ingredients.

3. Also known as *"halmang-jang"* for its elderly female stall vendors aged over the age of 65.

In South Korea, there are many markets that open every five days, and the largest of these is the Jeju City Traditional Five-Day Market. Other than food (like farm and fishing products) and clothing, they also sell medicinal herbs, farming equipment, and flowers; they have everything one can possibly think of. If there is one thing that is special about this market, it is "hal-mang-jang." The area was set up so that elderly women could sell their fresh produce and homemade seasoned vegetables, and the stalls are based on a first-come, first-served basis. The elderly stall vendors often chat with their regulars about their well-being as they choose the best for them. This five-day market began about 100 years ago at the oldest wooden building in Jeju's downtown. See the livelihoods of Jeju unfold here right before your eyes. (Yubin Park)

책방 소리소문

제주 제주시 한경면 저지동길 8-31
Tel: 0507-1320-7461
목요일~월요일 11시~18시
화요일~수요일 12시~18시 연중휴무
www.instagram.com/sorisomoonbooks
제주국제공항에서 차로 약 50분

1. 제주 올레길, 감귤나무, 오름 등이 펼쳐지는 마을에 위치한 작은 책방

저지오름과 문도지오름이 보이는 한적한 시골길에 자리해 있으며 주변에는 감귤나무도 심겨 있다. 육지에서 사람들이 일부러 찾아오는 서점이다.

2. 한라산에서 4·3 사건까지, 제주 코너가 잘 갖추어진 책방

여행자도 주민도 눈을 떼지 못할 정도로 제주 관련 책이 다채롭게 큐레이션되어 있다. 제주 출신 일러스트레이터가 그리는 '리커버 에디션'이나 어떤 책이 들어 있는지 알 수 없는 '블라인드 북' 등 독특한 책들과 만날 수 있다.

3. 매년 봄 '소리소문 플리마켓' 개최

1년에 한 번 주변 로컬 크리에이터들과 함께 플리마켓을 개최한다. 사람들을 제주도로 불러들이는 힘 있는 작은 책방이다.

제주 기념품이 되는 책 2019년 한경면 저지리에 오픈한 '책방 소리소문'은 정도선 씨, 박진희 씨 부부가 운영한다. 육지에서 서점원으로 10년 정도 일한 남편 정도선 씨와 당시 몸이 좋지 않았던 아내 박진희 씨가 자연이 가까이에 있는 삶을 선택하기 위해 제주로 이주했다. 책방 소리소문에서는 남편 정도선 씨가 실무를 맡고 아내 박진희 씨가 책장 구성을 담당한다. 나는 이번 취재 전에도 몇 차례 방문한 적이 있었는데 책장 구성이 자주 바뀌기 때문에 일부러 다시 방문하고 싶다는 마음이 드는 곳이다. 약 1만 권의 장서 가운데 먼저 '제주다운 책'의 책장을 살펴보기 바란다. 우리 편집부는 해녀를 주제로 한 『엄마는 해녀입니다』나 제주 신화를 바탕으로 한 『오래된 신들이 섬에 내려오시니』와 같은 책을 통해 제주를 배우고 제주와 친해졌다. 제주 출신 일러스트레이터가 기존에 나온 책의 커버를 새롭게 그리는 '리커버 에디션'도 이 서점의 독특한 부분이다. 나는 『제주살이 능력고사』를 구입했다. 제주에 전해오는 방언이나 습관 등을 다루고 있는 책이었는데, 여행길에 풀면 공부도 되었고, 화제 삼아 사람들과 이야기할 수 있어서 상당히 도움이 되었다. 참고로 한 달에 한 번 열리는 시험에 도전해 만점을 받기까지 했다. 영어 원서나 그림책도 갖추고 있어 국경을 초월해 남녀노소 누구나 자신에게 잘 맞는 한 권의 책과 만날 수 있을 것이다. 매년 봄이 되면 지역을 기반으로 활동하는 크리에이터나 가게 운영자 들과 함께 플리마켓을 여는 등, 관광객은 물론 제주 주민에게도 즐거운 휴식의 장으로서 자리매김한 책방이다. (이지나)

당신이 몰랐던 제주

小里小文

Sorisomoon Books

1. A small bookstore in a village surrounded by **Jeju Olle Trail, tangerine trees,** and *oreum* **(volcanic cone).**

2. **Their Jeju section is replete with books from Mt. Hallasan to the April 3rd Incident (the Jeju uprising).**

3. **They hold a "Sorisomoon Flea Market" every spring.**

Sorisomoon Books was opened by couple Dosun Jeong and Jinhee Park in Jeoji Village in 2019. I'd visited the bookstore several times before and the reason for that was the frequently changing bookshelf section. They have over 10,000 books, but do check out the Jeju-centric books. Our editorial department has understood more Jeju through these books like "Mom Is a Haenyeo" (about Jeju's female divers) and "Ancient Gods Descending on The Island" (after Jeju mythology). I bought the "Jeju Living Proficiency Test Questions" that covered the local dialect and customs that helped me to learn more about Jeju during my trip, which also served as the story of my travel (by the way, I got a perfect score). They also have English and picture books; everyone is bound to find their perfect book, regardless of age, gender, or nationality. (Jina Lee)

13

알맞은시간

제주국제공항에서 차로 약 60분

www.instagram.com/egg_hit_time

12살 이하, 4인 이상 그룹은 입장 불가

Tel: 070-7799-2741 10시~18시 금요일 휴무

제주 서귀포시 남원읍 신흥앞동산로 35번길 2-2

1. 남원의 감귤나무밭에 둘러싸여 있으며,
감귤 창고를 활용해 만든 카페
약 40년 전 감귤 산지 남원에 지어진 돌 창고를 개조해
문을 열었다. 북적북적한 관광지에서 벗어나 차분하게 차를
마실 수 있다.

2. 제주의 다양한 식재료를 독자적으로 해석해 제공
감자나 호박 등 제주의 숨겨진 특산물로 만드는 디저트는 물론,
청귤이나 토마토 등 제철 식재료의 메뉴를 맛볼 수 있다.

3. 음악을 생업으로 삼아온 주인 부부의 고집
카페에서는 공간에 맞추어 직접 제작한 CD에서 흘러나오는
음악을 들을 수 있다. 카페 옆에는 초록과 음악이 주제인 작은
숙소 '녹음실제주'가 마련되어 있다.

오직 이곳에만 흐르는 시간 그 사람에게 '잘 맞고 어울리는 시간'이라는 의미의 '알맞은시간'. 이곳은 남국의 식물이 엉켜 뻗어 나가는 석벽과 산뜻한 지붕이 인상적이다. 초록색 철문을 열자 석벽으로 둘러싸인 공간이 나왔는데 한여름인데도 마치 겨울에 산장에 틀어박혀 있는 듯 시원하면서도 따스함이 감도는 곳이었다. 카페 주인 윤종인 씨와 홍미선 씨는 서울에서 음악 관련 일을 하며 만나 부부가 되었다. 매일 일에 빠져 지내던 날들에 한계를 느끼고 2016년 제주도로 왔다고 한다. 아는 사람이라고는 전혀 없던 두 사람은 섬에 있는 마을 주민센터 등을 찾아다니다 운 좋게 지금의 감귤 창고와 만났다. 지어진 지 오래된 건물을 직접 멋있게 개조하고 커피를 내리는 데 필요한 장비와 원두는 최상급으로 준비했다. 미선 씨가 만드는 케이크 '감자 한 모'는 포슬포슬한 감자의 풍미가 풍성하며 뒷맛이 가벼운 게 일품이다. 일부러 제주답지 않은 것을 의도해 만든 'ㅋㅋ 치즈 케이크'는 관광지인 제주에 뿌리를 내린 덕분에 탄생한 메뉴다. 테이크아웃 음료는 손님에게 기증받은 텀블러로 제공하며, 디저트는 용기를 지참하는 경우에만 포장이 가능하다. 명함 대신 만든 팸플릿에는 가게를 만들게 된 이야기와 두 사람이 즐겨 방문하는 장소가 담긴 지도가 그려져 있었다. 평상시에는 매장 이용에 인원 제한을 두어 손님들이 조용히 지낼 수 있도록 신경 쓰지만, 매장 안에서 라이브를 열거나 즐겁게 보낼 수 있는 이벤트도 기획하곤 한다. 차분한 매장 분위기와는 또 다르게 가게 곳곳에서 주인의 여유나 재치, 신념이 느껴진다. (안도 유키)

Almazen Sigan

1. A café housed in a mandarin orange warehouse surrounded by mandarin fields in Namwon.

2. They have a unique take on preparing Jeju's diverse ingredients.

3. Run by a dedicated husband-wife owners who have made music their living.

"Almazen Sigan" means the "perfect, right time." With a bright roof and vines-covered stone walls, the green iron door opened up to a cool yet cozy space even though it was midsummer. The café owners met while working on music-related projects in Seoul and made their way to Jeju in 2015. With no contacts, they visited village halls and luckily came across a mandarin orange warehouse. They DIY and gave the aged building a fresh look, using top-notch appliances and beans to brew coffee. The flyer they made as a business card shows a map of the island with the history of the café and their regular haunts. They usually limit the number of patrons to ensure a quiet atmosphere, but they also have plans for live music events. Contrary to the quiet interior, one can sense the owners' playfulness and beliefs here and there in the café. (Yuki Ando)

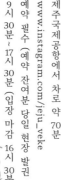

베케

제주 서귀포시 효돈로 48

Tel: 064-732-3828

제주국제공항에서 차로 약 70분

www.instagram.com/jeju_veke

예약 필수 (예약 잔여분 당일 현장 발권 가능)

9시 30분 ~ 17시 30분 (입장 마감 16시 30분)

서귀포향토오일시장
Seogwipo City
Local Five-day Market

1136

1131

1132

서귀포 KAL 호텔
Seogwipo KAL Hotel

제주올레 여행자센터
Jeju Olle Tourist Center

1. 감귤 과수원을 재생한 화원에 자리한 카페
밭을 파다 나온 현무암을 활용해 만든 건축물이 현대적이다.
지면보다 낮게 설계된 좌석에 앉으면 아름다운 정원이 눈앞에
펼쳐진다.

2. 제주 출신 정원사 김봉찬 씨의 손에서 탄생한 정원
ITAMI JUN MUSEUM에 자리한 생물서식지 비오토피아를
비롯해 수많은 정원을 만들어온 정원사의 카페로 문을 열어,
현재는 관람료를 내고 입장해 도슨트의 이야기를 듣거나
정원에서 진행하는 공부 모임 및 콘서트 등에도 참가할 수 있다.

3. 제주를 떠올릴 수 있는 창의성 돋보이는 카페 메뉴
커피는 물론 티 전문 브랜드 '우연못'의 브랜드 티를 비롯해
감귤주스, 풋귤에이드 등 제주의 과실로 만든 수제 메뉴도
맛볼 수 있다.

계절이 키우는 카페 자연이 풍성한 제주에 자리한 카페들은 대부분 창밖으로 보이는 풍경에 신경을 쓴다. 그러한 카페 가운데 '베케'는 그 차원이 다른 곳이다. 이 카페는 정원사 김봉찬 씨가 운영하는 곳으로, 본래 부모님 소유의 귤밭이 있던 자리였다. '베케'는 쌓아 놓은 돌무더기를 뜻하는 제주말이다. 그 뜻 그대로 이 카페 또한 김봉찬 씨에게는 베케와 마찬가지였기 때문에 자신에게 익숙한 단어를 정원이 함께 자리한 이 가게의 이름으로 지었다고 한다. 2024년 리뉴얼 전에는 메인 카페였던 베케뮤지엄은 손님의 눈높이에 맞추어서 지면보다 낮게 설계되었다. 운이 좋게 이 자리에 앉게 된다면 자연 속 양치식물군을 비롯해 제주에서만 볼 수 있는 초록과 베케를 감상할 수 있다. 그래서일까? 마치 일본의 절에서 수행 체험을 하는 관광객처럼 모두가 정원의 경치를 바라보게 된다. 나는 이 지역의 밭에서 수확한 녹차가 함유된 '차콩크림라떼'를 마셨다. 녹차라떼에 콩가루를 뿌린 이 음료를 마시면서 잠시 휴식을 취한 뒤, 정원으로 연결된 듯한 길을 발견해 방금까지 눈앞에 펼쳐졌던 자연 안으로 걸어 들어갔다. 정원 안쪽에는 다양한 식물이 자라고 있었는데 취재를 진행한 6월에는 수국과 아가판투스가 활짝 펴 있었다. "지구에 존재하는 수많은 자연과 생명을 느끼고 생각하는 일은 인간의 사명입니다. 정원은 그 매개로서 역할을 한다고 생각합니다." 김봉찬 씨는 말한다. 정원에서는 워크숍이나 공부 모임, 콘서트 등도 열리는데 이를 통해 참가자들은 서로 연결되어 앞으로의 자연환경에 관해 공부하기도 한다. 계절마다 펼쳐지는 풍경이 궁금해 제주도에 다시 오고 싶게 만드는 카페다. (이지나)

VEKE [베:케]

쟁기로 농사 짓던 시절,
밭을 일구다 나온 돌을 쌓아놓은 돌무더기를 뜻하는 제주어

화 휴무
AM 10:00 – PM 6:00

VEKE

1. A café located in a garden restored from a mandarin orchard.

2. A garden created by Bong-chan Kim, a landscaping expert from Jeju.

3. Boasts of a creative café menu that brings Jeju to mind.

"*Veke*" refers to "a pile of stones" in Jeju dialect as well as the original form of the café itself, which comes with a garden. The premium counter seating by the window is designed to be lower than the ground, and the realistic nature that customers can see are unique to Jeju. Everyone admires the garden scenery in silence and reverence like monks. I had a *matcha* cream latte that was made with local tea. After a short break, you can take the route that leads to the garden and walk through the nature you'd just admired. VEKE also hosts workshops, study sessions, and concerts in the garden that serves as a place for participants to connect with each other and learn about the natural environment of the future. This café is a place that will get you interested in the seasonal scenery and makes you want to come back to Jeju. (Jina Lee)

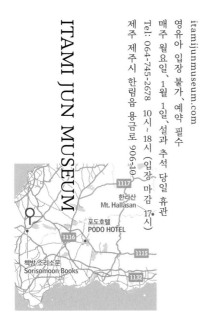

ITAMI JUN MUSEUM

제주국제공항에서 차로 약 50분
itamijunmuseum.com
영유아 입장 불가, 예약 필수
매주 월요일, 1월 1일, 설과 추석 당일 휴관
Tel: 064-745-2678   10시 ~ 18시 (입장 마감 17시)
제주 제주시 한림읍 용금로 906-10

1. 재일한국인 2세 건축가 이타미 준伊丹潤의
미술관과 카페

한국 이름으로는 유동룡인 이타미 준이 1970년대
초기부터 제주도 프로젝트에 이르는 기간 작업한 작품을
소개한다. 입장료에는 카페에서 쓸 수 있는 음료 티켓이
1장 포함되어 있다.

2. 지역 크리에이터와 만드는 카페 메뉴와 굿즈

제주의 티 전문 브랜드 '우연못'에서 만드는 제주산 차는
도예가 김경찬 씨의 다기에 담겨 나오며 구입도 가능하다.
크레용, 방향제, 브로치 등 다양한 제품과 만날 수 있다.

3. 이타미 준의 딸 유이화 씨가 설계한 건축

1층 창밖으로 펼쳐지는 정원은 제주도 출신 정원사
김봉찬 씨의 작품이다.

제주의 '사유 카페' 1937년 일본 도쿄에서 재일한국인 2세로 태어난 건축가 유동룡. 일본에서 건축사
무소를 열기 위해서는 일본 이름이 아니면 통하지 않았기 때문에 '이타미 준伊丹潤'이라는 이름을 만들
어 사용했다. 그는 2005년 프랑스 정부가 수여하는 예술문화공로훈장 슈발리에Chevalier dans l'ordre des
Arts et Lettres를 받았고, 2010년에는 일본 건축계에서 가장 권위 있는 건축상인 무라노도고상村野藤吾賞
을 수상한 실력가로 일본에서는 꽤 오래전에 활동한 인물이다. 1975년 도쿄 아오야마에 만든 펍 레스
토랑 '트렁크トランク'는 오래된 벽돌로 둘러싸인 따뜻한 공간이 아주 훌륭했다고 들었다. 1998년부터
는 아버지의 고향인 제주와 인연을 맺어 서귀포시에 있는 〈포도호텔〉〈수풍석 미술관〉〈방주교회〉 등
을 설계했으며 2009년부터는 제주국제영어교육도시 개발사업의 마스터 아키텍처로 취임해 활동했
다. 그런 이타미 준을 소개하고 작품을 관리하는 뮤지엄이 2022년 한림읍 월림리에 문을 열었다. 검
은색 벽으로 둘러싸인 차분한 내부 공간은 관람객이 관광지라는 사실을 잊고 그의 인생 흔적을 천천
히 따라갈 수 있도록 이끌어 준다. 전시를 따라가며 그가 제주와 인연이 깊은 건축가라는 것을 충분히
느꼈다면 꼭 중정이 보이는 1층 카페에서 휴식을 취하기를 바란다. 카페에서는 지역에서 활동하는 티
하우스의 대표 티 '바람의 노래' 등 제주만의 차를 마실 수 있다. 지역성을 소중히 여기며 자연 재료를
활용한 건축가 이타미 준. 그런 그의 미술관에서 제주의 경치에 몸을 맡기듯 차를 마신 시간은 이타미
준이 선물한 '제주에 대한 사랑'처럼 느껴졌다. (이지나)

ITAMI JUN MUSEUM

1. An art museum and café designed by Jun Itami, a second-generation Korean architect living in Japan.

2. The café offers a menu and goods created in tandem with local creators.

3. The museum is designed by his architect daughter, Yoo Ehwa.

Born in Tokyo in 1937, architect Yoo Dong Ryong (Jun Itami) also has ties to Jeju, his father's hometown. He has designed the Podo Hotel, the Water, Wind, and Stone Museums, and Bangju Church, among others in Seogwipo City. Opened in Jeoji-ri in 2022, this museum introduces Jun Itami and his archived works. One forgets that it's a tourist spot with the calm interior space and black walls. After learning about the architect by tracing the trajectory of his life, be sure to take a break at the café on the first floor overlooking the courtyard and enjoy Jeju teas, including their signature "Song of the Wind" made by a local teahouse. Jun Itami chose to use natural materials to convey its regional context. The time I spent sipping matcha here as I engrossed myself in the scenery of Jeju, felt like his gift of love for Jeju to me. (Jina Lee)

16

포도호텔

제주국제공항에서 차로 약 50분

podo.thepinx.co.kr

1박 2일 조식 및 석식 포함 88만 원부터 (2인 이용 시)

Tel: 064-792-8000

제주 서귀포시 안덕면 산록남로 863

ITAMI JUN MUSEUM
오설록 티뮤지엄
OSULLOC TEA MUSEUM
한라산
Mt. Hallasan
1117
1116
1115
1132
책방 소리소문
Sorisomoon Books

1. 제주의 지형에 맞추어 서 있는 이타미 준 설계의 디자인 호텔

한라산과 산방산, 바다가 펼쳐지는 좋은 입지.
제주의 오름과 전통 가옥 초가지붕에서 영감을 받은 건축.

2. 한국 전통미가 살아 숨 쉬는 편안한 인테리어

서까래가 노출된 시원하게 뚫린 공간이나 황토벽, 온돌바닥 등 전통을 느낄 수 있는 공간이 마련되어 있다. 침대방인 양실에서는 제주의 전통 돌담이 있는 정원이 내다보인다. 모든 객실에 아라고나이트 온천 완비.

3. 제주다움이 엿보이는 유명 건축물 탐방 프로그램 '건축예술가이드'

숙박객을 위한 프로그램으로, 40분 동안 관내를 안내하면서 놓치기 쉬운 설계의 의미를 해설해 자신이 머무는 공간의 가치를 전한다.

고향을 담은 풍토 건축 '포도호텔'은 그 이름 그대로 하늘에서 보면 포도의 형태를 하고 있다. 호텔이 자리한 제주의 중산간 지역은 한라산을 따라 기생화산인 오름이 분포하는 고지대로, 아름다운 자연이 그대로 살아 있으면서 변화가 심한 기후와 거친 지형이 특징이다. 그러한 지형을 거스르지 않고 저층으로 설계된 건물은 로비에서부터 안쪽으로 깊숙이 연결되어 마치 오름과 같은 곡선미를 지녔다. 자연이 풍성한 제주의 풍토를 의식해 섬의 강한 바람을 막기 위해 '노면 쌓기'를 실시하고, 지붕 차양은 초가지붕을 모티브로 삼는 등 제주의 전통을 소중하게 여긴 디자인으로 되어 있다. 설계는 재일일본인 2세 건축가 고故 이타미 준이 맡았다. 철평석으로 된 검은 통로의 끝에서 만나는 벽과 천장에는 '갈옷'에도 사용하는 제주의 갈천이 활용되었다. 또한 미닫이 창문은 바깥쪽에 종이를 붙이는 일본식과 안쪽에 종이를 붙이는 한국식으로 디자인이 조합되어 있으며, 쭈그리고 앉아 아래쪽 유리창을 통해 바깥을 보면 섬의 풍경을 재현한 중정을 즐길 수 있다. 전체 26개 객실 가운데 내가 묵은 곳은 전통 온돌을 갖춘 한실이었다. 테라스 바깥으로는 숲과 같은 정원 경치가 펼쳐진다. 수령 300년의 편백나무 욕조가 설치된 욕실에서는 유백색의 아라고나이트 온천을 즐길 수 있어 순간 일본의 온천 료칸에 있는 것만 같은 착각에 빠지기도 한다. 물론 요리도 훌륭해 향토 요리를 재해석한 퓨전 메뉴를 맛볼 수 있다. 설계자 이타미 준이 지닌 한국과 일본이라는 '두 고향에 대한 사랑'과 우아한 '전통미'가 살아 숨 쉬는 호텔이다. (신도 히데토)

PODO Hotel

1. A boutique hotel designed by Jun Itami that is built along the topography of Jeju.

2. Comfortable interiors where the traditional beauty of Korea comes alive.

3. Their "Guide Program" offers an in-house tour of the famous architecture and a glimpse of Jeju-ness.

The 26-room hotel is named after its aerial view resembling *podo* ("grapes"). It's located in the low uplands of Jeju where oreums (parasitic volcanoes) are distributed along Mt. Hallasan; an area with beautiful nature yet rapidly changing climate and rough terrain. The low-rise hotel is designed along the topography with beautiful curves as the lobby connects to the back. The design is based on Jeju's rich nature and climate (like the stone walls to protect against the strong winds) and traditions (like roof eaves resembling thatched roofs). It was designed by the late Jun Itami, a Korean architect living in Japan. I stayed in a Korean-style room with traditional *ondol* (heated floor). The terrace offers a view of the wooded garden, and the 300-year-old cypress bathhouse offers milky white aragonite hot spring water. (Hideto Shindo)

제주 비안

제주국제공항에서 차로 약 40분

www.jejubahn.co.kr

※성수기 확인 필수

1박 2일 조식 포함 14만 원부터 (2인 이용 시)

Tel: 010-2052-6982

제주 제주시 조천읍 중산간동로 1197-16

1. 오름이나 감귤나무 등 제주 풍경에 둘러싸인 독채 B&B

오직 4팀만 누릴 수 있는 삼나무와 귤나무에 둘러싸인 독립적인 공간. 정원에서는 기생화산 '알밤오름'을 바라볼 수 있다.

2. 주인 부부의 극진한 환대

비안을 운영하는 배철수 씨와 안수지 씨 부부에게서는 가족과 같은 친근함이 느껴진다. 조식으로는 제주산 과실로 만드는 맛있는 음식을 개방적인 식당에서 맛볼 수 있다. 제주도의 추천 장소를 물어보면 친절하게 알려준다.

3. 경치를 의식한 화이트 큐브의 심플한 숙소

더블룸 2실, 트윈룸 2실, 총 4실의 독립된 객실을 갖춘 숙소로, 설계는 서울을 거점으로 활동하는 '바우건축사무소'에서, 객실 가구는 '스탠다드에이'에서 맡았다.

제주를 사랑하는 부부의 숙소 비안에 묵은 다음 날 아침, 나는 알람 없이 새가 지저귀는 소리를 들으며 눈을 떴다. 정원으로 나가자 전날 밤 체크인했을 때는 몰랐던 꽃과 나무에 시선이 멈추었다. 취재를 시작하기 전의 특별한 한때를 의미 있게 즐기고 싶어 정원 테이블에 앉아 책을 읽었다. 그러자 주인인 배철수 씨가 "커피 한 잔 가져다드릴까요?" 하면서 웃는 얼굴로 다가와 인사했다. 도시에서는 들을 수 없는 새소리가 들리고, 활짝 열린 문 너머로 '알밤오름'의 자연이 보이는 이곳이야말로 내가 꿈꾸던 제주의 아침이 존재하는 곳이었다. 비안은 그러한 정원과 독립된 4동의 숙소, 공동 라운지, 주인의 주거지 그리고 귤밭으로 구성된 B&B 스타일의 숙소다. 제주를 좋아하는 사람들 가운데는 바다보다도 중산간 지역의 풍경을 좋아하는 이도 많은데 주인인 배철수 씨와 안수지 씨 부부도 바로 그렇다. 두 사람은 육지에서 지내던 시절, 회사 동료로 만나 결혼했는데 주말이 되면 자주 제주를 찾았다고 한다. 그리고 2014년에 드디어 제주로 이주를 하고 이듬해 이 숙소를 개업했다. 최근에는 손님과 주인이 직접 만나는 일 없이, 온라인으로만 대응하는 숙소가 늘고 있다는 느낌이 든다. 그런데 여행이 지닌 본래의 장점은 그곳에 사는 사람들과의 대화에 있다고 생각한다. 그들이 자주 가는 장소 등을 알아가다 보면 그 지역과 더 친숙해질 수 있다. 비안은 제주다운 풍경 속에서 제주를 사랑하는 사람들과의 대화가 허락되는 정말 귀중한 숙소. 다음에는 소중한 사람과 함께 방문하고 싶다. (이지나)

JEJU b.ahn

1. A B&B that offers individual lodging rentals surrounded by the scenery of Jeju, such as tangerine trees.

2. The warm and generous hospitality of the owner and his wife.

3. Simplistic white cuboid lodgings offering beautiful views.

The chirping of birds and the Albam Oreum jumps into view through the door that sprung open – this is the Jeju morning I'd been dreaming of b.ahn is a B&B-style inn comprising a garden, four separate lodgings, a communal lounge, the owners' residence, and a tangerine farm. There are many Jeju lovers, including the owners, who prefer the scenery of the low uplands to the sea. The two moved to Jeju in 2014 and opened the B&B in 2015.

Although there are many accommodations that no longer have in-person interactions, I feel that the true wonder of travel lies in talking with locals by getting closer to the community as you get to visit the places they frequent. b.ahn is an invaluable place to stay that offers the opportunity to talk with people who love Jeju and Jeju scenery. I'd like to come back here again with my loved ones. (Jina Lee)

서귀포 KAL 호텔

제주 서귀포시 칠십리로 242
Tel: 064-733-2001
1박 2일 조식 포함 22만 원부터 (2인 이용 시)
제주국제공항에서 차로 약 70분
www.kalhotel.co.kr/

1. 서귀포시의 바다가 바라다보이는
전망 좋은 리조트 호텔
산 풍경으로는 '한라산', 바다 풍경으로는 '검은여해안'이
보이며 무인도인 '섶섬'과 '문섬'이 그림처럼 펼쳐진다.

2. 제주 올레길과 바로 연결되는 광대한 정원
섬의 지형을 살려 만든 약 1만 평의 정원에서 벗어나면 바다와
만날 수 있다. 풍경 좋은 카페 '허니문하우스'도 도보 10분 거리다.

3. 제주의 발전을 이끌어온 대한항공의 옛 직영 호텔
제주의 우수한 리조트 호텔 'KAL 호텔' 가운데 유일하게
현존하는 곳(제주 KAL 호텔은 2022년 폐업)이다. 한국 요리,
온돌, 수영장 등 예전과 변함없는 서비스를 즐길 수 있다.

소중한 제주의 경치가 남아 있는 호텔 제주도에서도 리조트 지역으로 인기가 있는 서귀포시 해안선. 그곳에서 좌우 대칭인 새하얀 건물과 KAL 호텔의 빨간 로고는 한결 눈에 띈다. 호텔에 도착하면 제주도 전통 항아리 '허벅'을 짊어진 여성의 청동상이 입구에서 가장 먼저 맞아준다. 회전문을 지나 로비로 들어서면 거대한 샹들리에가 걸려 있고 제주의 풍경을 그린 그림이 장식되어 있어 어딘지 모르게 향수가 느껴진다. 1985년 문을 연 이 호텔의 가장 큰 특징은 뭐니 뭐니 해도 입지를 꼽을 수 있다. 로비 라운지의 커다란 창을 통해 펼쳐지는 바다는 제주의 자연 가운데에서도 유독 아름다워 여행의 피로까지 날려버릴 정도다. 객실 조망은 바다와 산 풍경을 모두 즐길 수 있을 정도로 훌륭하다. 특히 산 풍경으로는 제주의 상징인 한라산이 우뚝 서 있는 모습을 즐길 수 있다. 객실은 쾌적한 양실과 한국만의 온돌식 방도 있어 외국인 관광객은 물론 남녀노소 누구나 편하게 이용할 수 있다. 바다 풍경을 독차지하고 싶다면 코너에 위치한 스위트룸을 이용하기를 바란다. 참고로 내 부모님도 신혼여행으로 이 호텔에 방문하신 적이 있다고 한다. 호텔에서 바다를 향하고 있는 광대한 정원도 이 호텔의 묘미다. 섬의 특징인 화산 활동으로 형성된 지형을 살려 정비한 산책로를 따라 걷다가 그대로 제주올레 트래킹도 시작할 수 있다. 또한 파도가 치는 현무암을 바라보며 풍경 좋은 카페 '허니문하우스'까지도 걸어서 갈 수 있다. 제주의 바다와 조화를 이룬 유일무이한 호텔 서귀포 KAL 호텔. 이곳에서만 체험할 수 있는 '제주다운 풍경'이 앞으로도 계속 이어지기를 바란다. (이지나)

Seogwipo KAL Hotel

1. A resort hotel with a spectacular view of the sea in Seogwipo City.

2. A vast garden that is directly connected to Jeju Olle Trail.

3. The hotel is directly run by the former "Korean Air," which led the development of Jeju.

Situated on the coastline of Seogwipo City (a popular resort area in Jeju Island) is the pure white symmetrical building with the red logo of KAL Hotel. At the entrance of the hotel is a bronze statue of a woman carrying a "*heobeok*" on her back. Beyond the revolving door is the nostalgic lobby with a huge chandelier and landscape paintings. Established in 1985, the hotel's most distinctive feature has to be its location. The ocean view from the large windows at the lobby lounge is the best one can get of Jeju's beautiful nature, and is sure to melt your travel fatigue away. The rooms also offer good views of the sea, or Mt. Hallasan. Another highlight is the hotel's vast garden that made excellent use of the volcanic topography. This is a unique hotel offering Jeju's scenic views, coexisting in harmony with the sea of Jeju. (Jina Lee)

플레이스캠프 제주

제주국제공항에서 차로 약 70분
www.playcegroup.com
1박 2일 조식 불포함 1인 5만 원부터
제주 서귀포시 성산읍 동류암로
Tel: 064-766-3000

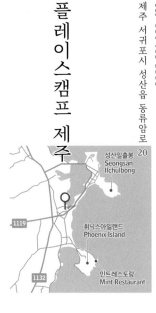

1. 객실에서 감상할 수 있는 유네스코
세계자연유산 '성산일출봉'

해안의 절경을 보고자 일부러 찾는 섭지코지 가까이에
자리한 숙소다. 일부 객실에서는 창으로 성산일출봉의
해돋이를 볼 수 있다.

2. 제주다움을 체험할 수 있는 액티비티 프로그램

호텔 근처에 있는 '말미오름'에 오르거나 귤을 따서 잼을 만드는
체험 등 혼자서도 부담 없이 참가할 수 있다.

3. 호텔 중앙 광장에서 맥주 페스티벌이나 플리마켓
등 매력적인 이벤트 개최

매주 토요일 오후에 열리는 '골목시장'은 방문객으로 북적인다.
제주의 과일로 만드는 주스나 빵 등을 내놓는 근처 가게들도
참가해 볼거리가 많다.

'제주다운 여행'의 베이스캠프 2017년 유수지였던 부지에 완성한 '플레이스캠프 제주'는 'ART' 'PASSION' 'EVERYTHING'이라는 이름을 가진 숙박동 3곳과 카페와 펍으로 구성되어 있다. 창을 통해 유네스코 세계문화유산 성산일출봉을 바라다볼 수 있는 아주 심플한 객실도 인기가 있지만, 이곳에서는 제주를 체험할 수 있는 액티비티를 소개하려고 한다. 편집부가 참가한 프로그램은 제주 올레의 첫 번째 코스에 포함되어 있는 오름 2곳을 걷는 '아침 오름' 프로그램이었다. 숙소에서 묵은 그다음날 우리는 다른 참가자와 함께 중앙 광장에 모여 준비된 자동차에 올랐다. 그리고 10분 정도 달려 시작 지점인 '말미오름'에 도착했다. 등산로처럼 보이는 비교적 낮은 산을 처음 듣는 새의 울음소리와 제주의 맑은 공기를 즐기며 약 20분 정도 걸었을까, 순식간에 정상에 도착했다. 시선 아래로는 검은 돌담과 초록색의 당근밭, 푸른 바다가 펼쳐졌으며, 멀리 우도와 성산일출봉도 보여 그야말로 절경이었다. 이곳에서 다시 '알오름'으로 향했는데 지역 주민이 아니면 알 수 없는 길을 가이드의 안내로 헤맬 걱정 없이 걸으며 제주의 자연을 마음껏 만끽할 수 있었다. 액티비티에 참가한 뒤에는 숙소로 돌아와 '카페 도렐'에서 아침을 먹고 느긋하게 하루를 보냈다. 호텔이 위치한 성산읍 고성리는 본래 관광객이 거의 체류하지 않는 외곽 지역이었다고 한다. 그런 곳에 자리한 플레이스캠프 제주는 시끄럽고 북적북적한 도시를 피해 온 사람도, 한국어에 익숙하지 않은 외국인도 제주와 더 가까워질 수 있는 체험이 가능한 숙소다. (이지나)

PLAYCE CAMP JEJU

1. **Rooms offering views of UNESCO World Natural Heritage Site, "Seongsan Ilchulbong" (Sunrise Peak).**

2. **The hotel always has activity programs that allow visitors to have unique Jeju experiences.**

3. **Attractive events such as beer festivals and flea markets are held in the hotel's concourse.**

Completed in 2017 on land that was once a detention basin, PLAYCE CAMP JEJU has three lodging buildings, a café, and a pub. While the simplistic rooms offering views of Seongsan Ilchulbong are popular, what I'd like to highlight is their Jeju experiential activities. We took part in the "Morning Oreum" walk that covers the first course of the Jeju Olle. We set out from the concourse the next morning and drove for 10 minutes to the starting point, Malmi Oreum. We soon arrived at the top of the low mountain as we hiked for 20 minutes and listened to the bird chirping and enjoyed the fresh air. What opened up before our eyes was a spectacular view of Udo Island and Seongsan Ilchulbong in the distance, with black stone walls, green carrot fields, and the blue sea. We then returned to the hotel for breakfast and relaxed for the day. (Jina Lee)

김경찬
제주점토도예연구소

1. '제주점토도예연구소'라는 이름으로 옹기를
흙에서부터 연구하는 도예가
토양 분포도를 참고해 퍼 올린 흙으로 굽는 '진정한 옹기'. 흙이나
소성 온도 등 연구를 거듭한 끝에 유일무이한 검은 옹기를 완성했다.

2. 전통 그 너머에 있는 현대의 옹기 'COSMO' 시리즈
〈오름〉과 〈허벅〉 등 독자적인 해석으로 새로운 그릇들을 만들어
냈으며 제주의 로컬 브랜드 '오두제'와도 협업한다.

3. 제주도의 다양한 디자인 매장에 입점
'오설록' '해녀의부엌' 'ITAMI JUN MUSEUM' 등 젊은 사람이 모이는
카페와 레스토랑에서 가장 많이 볼 수 있는 그릇이다.

네오 옹기　옛날부터 제주에서 빼놓을 수 없는 생활용품이 있다. 바로 옹기다. 옹기는 도자기의 한 종류
로, 김치나 막걸리 등을 담글 때 사용하는 독이나 항아리를 말하는데, 한국인이라면 모르는 사람이 없
을 정도다. 대지의 대부분이 현무암인 제주도에서는 특히 물을 받아 두거나 옮기는 도구 '허벅'으로 많이
사용되었다고 한다. 그저 장식이라고 해도, 제주 도내의 음식점 곳곳에서 지금도 실제 사용하는 곳이 많
아 편집부도 제주만의 생활을 엿볼 수 있었다. 이와 같은 현대의 옹기 문화에서 김경찬 씨가 만드는 옹기
는 혁신적이라고 할 수 있다. 김경찬 씨는 허벅을 모티브로 한 와인 잔이나 오름이 연상되는 꽃병 등 우
리 생활 가까이에 둘 수 있는 옹기들을 만든다. 사실 제주의 옹기는 근대화와 함께 한때 쇠퇴하기도 했
다. 그렇기 때문에 지금 있는 가마터는 최근 몇십 년 사이에 탄생한 새로운 가마터로, 흙의 성분과 소성燒
成 방법 그리고 '굴'이라고도 불리는 가마 등 수많은 학자와 연구자들에 의해 다시 구축되어 태어난 것들
이다. 그중에서 김경찬 씨는 명확하게 밝혀지지 않았던 재료인 흙의 채굴지를 토양 분포도로 발견했다는
점이 흥미로웠다. 그러한 이야기를 우리에게 들려주는 모습이 마치 탐험가 같았다. 더불어 여기에서 꼭
짚고 넘어가고 싶은 부분이 있다. 바로 불가능하다고 여겨졌던 실용적인 흑색 옹기를 그가 독자적인 소
성 기술로 새롭게 탄생시켰다는 점이다. 언제나 다음 세대를 위한 옹기를 개발하는 데 힘쓰는 김경찬 씨.
아직 도예가로서는 젊은 편에 속하지만, 그 절묘한 감각과 탐구심은 앞으로의 제주 문화를 한층 더 나은
방향으로 이끌어갈 수 있을 것이라 생각한다. (신도 히데토)

Jeju Clay Pottery Lab
Kyungchan Kim

1. A potter who studies *onggi* (traditional earthenware containers) at his "Jeju Clay Pottery Lab."

2. His "COSMO" series comprises modern *onggi* that goes beyond tradition.

3. His creations are carried in various specialty stores in Jeju Island.

Onggi is an indispensable daily necessity in Jeju since the olden times. It refers to a type of earthenware storage containers used for fermenting foods like kimchi and *makgeolli* (rice wine). Most of Jeju Island is made up of basalt, which was especially useful as a *heobeok* (traditional water jug) to store and transport water. Many local restaurants still use *heobeok*, albeit sometimes just for looks. Kyungchan Kim's revolutionary onggi products can be easily used in everyday life, such as wine glasses and flower vases resembling Jeju's *heobeok* and *oreum* (volcanic cone). The interesting thing is that he is like an explorer when it comes to digging clay for his *onggi* based on soil distribution maps. Although he is relatively young as a potter, his exquisite taste and inquisitive spirit will better the culture of Jeju. (Hideto Shindo)

서명숙
제주올레

제주국제공항에서 차로 약 70분

www.jejuolle.org/trail#/

3층 제주올레스테이 체크인 16시~21시 예약 필수

저녁 17시~19시, 식사 외 커피 21시까지

1층 어멍밥상 점심 11시 30분~13시

제주 서귀포시 중정로 22

Tel: 064-762-2167

서귀포향토오일시장
Seogwipo City
Local Five-day Market

1136
1131
1132

베케
VEKE

서귀포 KAL 호텔
Seogwipo KAL Hotel

1. 한국 도보여행의 선구 '제주올레' 창시자
2007년 성산일출봉 근처에서 제1코스를 시작.
저널리스트였던 경험과 관계성을 살려 2023년까지
전체 27개 코스, 437킬로미터의 '관광의 길'을 만들었다.

2. 제주올레에서 만난 사람과 풍경, 이야기를
책으로 소개
『제주올레 여행』『서귀포를 아시나요』 등 총 7권의 책을 쓰면서
글을 통해 제주와 그 가치를 폭넓게 전한다.

3. 게스트하우스를 갖춘 제주올레 여행자센터
제주올레 경험자는 누계 1,000만 명 이상. 쓰레기를 주우며
걷는 '그린 올레' 등 제주의 자연보호를 위해 고민하고, 앞장서서
많은 문화행사에 참가해 힘을 발휘한다.

제주를 걸으며 관광하다 제주에서 나고 자란 사람들은 언젠가는 섬을 떠나 도시와 육지에서 한층 더 넓은 세계를 경험하고 싶다는 생각을 품고 사는 경우가 많다. 어릴 때는 고향의 자연 풍경이 지닌 아름다움이 너무나도 당연해서 눈에 쉽게 보이지 않기 때문이다. 안타깝지만 그것이 현실이다. '제주올레'의 서명숙 이사장도 그 가운데 한 사람이었다. 서울에서 대학을 나오고 졸업 후 저널리스트로 활동하며 약 20년 동안 기자로 살았다. 그러다 도시 생활에 피로를 느끼고 일로 몸과 마음이 지쳤을 때 모든 것을 버리고 스페인 산티아고 순례길 여행을 떠났다. 오로지 걷는 것만을 목적으로 한 여행길에서 다양한 일을 접하고 경험하며 많은 것을 배우고 위안을 받은 서명숙 씨는 "한국에도 이런 '길'이 필요하다."라고 생각했다. 그리고 2007년 고향인 제주 서귀포로 돌아와 '길을 만드는 사람'이 되었다. 16년이 지난 2023년 현재 '제주올레'는 전체 27개 코스, 437킬로미터에 이른다. 처음에는 사비로 조성했지만, 제주에 살던 남동생 고㊀ 서동철 씨가 마을 이장과 청년회 등의 주민을 설득했다. "바다와 산을 두루두루 보면서 걸을 수 있는 길은 한국에서 제주도밖에 없습니다." 이렇게 말하는 서명숙 씨는 현재 이사장을 맡고 있는데 남녀노소 할 것 없이 모든 이와 스스럼없이 이야기를 나누는 모습이 아주 인상적이었다. 서명숙 씨 덕분에 한국인은 물론 제주를 방문하는 외국인도 '제주다운' 풍경과 만날 수 있다. 여행지에서 경험한 감동을 마음에 품고 그것을 자신이 살고 있는 지역에서도 만들어내는 것. 그것이야말로 진정한 관광이 아닐까. (이지나)

Jeju Olle
Myungsook Suh

1. The founder of Jeju Olle ("trails"), the pioneer of trails in Korea.

2. She wrote a book about the people, scenery and episodes she had while walking on Olle.

3. "Olle Tourist Center" comes with a guest house.

Many Jeju locals yearn to leave the island for the cities and see the wider world from the mainland of South Korea. But the fact is that we are often blind to the beauty of the natural scenery of our hometowns when we were young. Myungsook Suh, the founder of Jeju Olle, is one of them. She graduated from a university in Seoul and worked as a journalist for about two decades. Sick of city living and her job, she dropped everything and went on a pilgrimage in Santiago, Spain. During her pilgrimage, not only was her mind refreshed, she learned a lot from the various episodes and encounters on the road. She thought that Korea needs a trail like this. With that in mind, she returned to her hometown of Seogwipo in Jeju in 2007 and literally became a trailblazer. As of 2023, Jeju Olle has a total of 27 courses over 437 kilometers. (Jina Lee)

오두제 정지솔

1. 제주의 자연과 문화를 담은 오브제를 만드는 사람
오두제는 바다와 숲, 흙과 돌 등 자연과 함께 살아가는 제주 문화를
담은 오리지널 브랜드다. 크레용, 컵, 인센스 홀더 등 폭넓은 연령층을
끌어들이는 매력 있는 제품을 만든다.

2. 제주 생산자의 전달자이자 전통과 현대를 잇는 가교
도예가 김경찬 씨나 석공 홍경보 씨 등과 협업하며 기술과 재료를
이용해 새로운 사용법을 갖춘 물건을 재탄생한다.

3. 전방위 크리에이티브 디렉터
제품 기획에서 디자인, 사진 촬영, 생산까지 총괄 진행하며
ITAMI JUN MUSEUM과도 협업해 굿즈를 제작한다. 국제박람회
메종앤오브제MAISON & OBJET에도 참가하는 등 해외에서도
주목받는다.

제주에서 배우는 창조력 서울에서 사진가로 일하던 정지솔 씨는 코로나19 팬데믹 중 로컬지원사업을 통해 제주로 이주했다. 사실 그 이전부터 제주에 매료되어 있었기 때문에 제주에서의 생활을 선택해 집을 찾았다고 한다. 특히 자연을 좋아했던 정지솔 씨에게 제주는 그야말로 '아이디어의 보고'였다. 현재 오두제의 제품은 크게 '물'과 '돌' 그리고 '바람' 시리즈로 나눌 수 있다. 길거리에 쌓여 있는 돌들에서 제주다움을 발견하고 그 형태에서 영감을 받아 '머들 크레용'을 만들었다. 도예가 김경찬 씨와는 제주 전통 물항아리인 허벅을 이미지로 삼아 옹기잔을 제작했다. 그리고 세상을 떠난 사람들의 안녕을 바라는 제주의 '동자석'과 칠성신에게 기원하는 작은 사당인 '토신함'에서 영감을 받아 인센스 홀더를 만들었다. 최근에는 임업 부산물 등으로 만들어진 열가소성 목재 CXP로 제작한 텀블러와 그것을 담는 바구니 '멜망탱이'를 새롭게 출시했다. 멜망탱이는 제주의 전통 공예품으로 미네랄워터 '삼다수'의 페트병을 재활용하고, 수익금의 일부는 제주 자연을 위해 기부한다고 한다. 제작은 제주의 할망과 하르방 들에게 의뢰해 진행한다. 자연과 문화, 사람에 대한 존경과 애정 없이는 할 수 없는 일이다. '제주다움'을 새로운 시선으로 전하는 사람이 되고 싶다고 말하는 정지솔 씨. 앞으로 그의 활동에서 어떤 제품이 탄생할지 기대하는 마음을 담아 응원하려고 한다. (이래영)

ODUJEJ
Jisol Jung

1. A person who creates "objects" that meld the nature and culture of Jeju.

2. A communicator of Jeju producers and a bridge between tradition and modernity.

3. An omnidirectional creative director.

Once a cameraman in Seoul, Jisol Jung moved to Jeju for a local support project during Covid but chose to live there since he had always been fascinated by Jeju. A big nature lover, Jeju is a treasure trove of ideas for him. His ODUJEJ product series can be broadly divided into rocks, water, and wind; the latest is a tumbler made from thermoplastic wood in an accompanying carrier, which is a traditional Jeju craft made from recycled plastic mineral water bottles from Samdasoo. A portion of the proceeds will be donated for the nature of Jeju. The production is naturally outsourced to the local grannies and gramps. I think this is only possible with respect and love for nature, culture, and people. Jisol wants to be someone who communicates Jeju-ness from a new angle. Let's support his work and await his creations. (Raeyoung Lee)

고선영
콘텐츠그룹 재주상회

제주국제공항에서 차로 약 70분
iiinjeju.com
Tel: 064-739-5080
제주 서귀포시 안덕면 산방로 380 2층

1. 제주 생활에 초점을 맞춘 잡지 《iiin》의 발행인
2014년에 창간해 2024년 봄 현재까지 41권 발행.
제주에 살면서 스스로 '호기심이 생기는 것'을 취재해 누구나
알기 쉽게 소개한다.

2. 해녀, 돌하르방, 택시 등 끝없는 '제주다움'이 주제
제주에서 생산되는 감귤 종류를 조사하거나 택시 운전사가
추천하는 맛있는 가게를 소개하는 등 제주의 것이라면
무엇이든지 알고 있다.

3. 옛 은행 건물을 개조해 만든 사무실 겸
매장 '사계생활'※
제주요리연구소 '사계부엌'을 함께 운영하는 등
지역 사람들이 모이는 커뮤니티를 만들었다.

제주다움의 발견자 약 10년 동안 서울에서 여행 전문기자로 일한 고선영 씨는 회사를 그만둔 뒤 국내 각지의 소도시를 여행했다. 그중 가장 마음에 들었던 제주로 2011년 사진가인 남편과 함께 이주했다. 1년 정도 생활하면서 제주의 매력에 점점 빠져 제주에서 배운 다양한 것들을 다른 사람들에게 전하는 사람으로 살기로 결심한다. 제주는 '제주올레'가 시작되고 게스트하우스도 늘면서 방문자가 꾸준히 증가해 2013년에는 제주를 방문한 관광객의 수가 무려 1,000만 명을 넘었다고 한다. 그런데 그런 제주를 다루는 로컬 잡지가 거의 없다는 것은 의아한 일이었다. 그래서 자신이 직접 그 중심에 서서 취재해 글을 쓰고 남편이 사진을 찍어 디자이너 친구와 함께 문화지 《iiin(i'm in island)》을 제작해 발행하게 되었다. 고선영 씨에게는 일상의 모든 시간이 소재를 찾는 시간이나 다름없다고 한다. 산방산의 탄산 온천에서 지역 할망들의 제주말을 듣고 기획하게 되었다는 기사도 있었다. 지어진 지 40년 이상 된 옛 은행을 개조해 문을 연 '사계생활'은 고선영 씨의 사무실이다. 1층에는 카페와 매장이 자리해 있으며 금고였던 공간은 작은 갤러리로 조성해 비정기적으로 제주와 육지의 브랜드를 전시하며 소개하고 있다(내가 방문했을 때는 전시 《오두제ODUJEJ》가 열리고 있었다). 고선영 씨는 "지역 미디어의 일을 잘 운영하면 로컬이 확장한다."라고 말한다. 앞으로 《iiin》의 총편집 영문판도 제작해 내놓으려고 계획하고 있다. 제주의 매력이 고선영 씨의 손을 거쳐 세계로 뻗어나갈 모습을 상상하니 내 마음이 든든해졌다. (이지나)

Content Group Talent Company
Sunyoung Koh

1. Publisher of "iiin," a magazine that focuses on living in Jeju.

2. The infinite topics around Jeju-ness include female divers, *dol hareubangs* (carved rock statues) and cabs.

3. "Living The Four Seasons" is an office-cum-shop housed in a former bank building.

After working as a travel journalist in Seoul for about a decade, Sunyoung Koh traveled to small cities across South Korea. Her favorite is Jeju and she moved there in 2011 with her photographer husband. When she lived there for about a year, she was slowly drawn to Jeju's charms and decided to live the rest of her life communicating the things she learned from Jeju to others. She created the cultural magazine "iiin (I'm in island)" with her husband and designer friend. One of her articles was about how the plan for carbonated hot springs at Mt. Sanbangsan came about based on the local dialect. Sunyoung believes that a good local media job will expand the local area, and plans to produce an English version of iiin's highlights. I'm encouraged when I think about how the rest of the world will get to know Jeju through her. (Jina Lee)

※ 상설 매장은 2023년 운영을 종료했습니다.

37
2023 Spring
정원이 필요해

IIIN

제주의 문화와 지를 소개합니다

Editorial Diary: Editorial Team on the Go

By Hideto Shindo

하르방
목욕하시는 날

5년에 한 번 돌아오는 그날, 돌하르방이 목욕하는 날이 다가오고 있다.
그 많은 돌하르방 중 딱 45기만 이렇게 특별 관리를 받는데, 이유가 무엇일까?
모든 돌하르방의 원조로 문화재에 등록되어 있기 때문이다.
과연 어떤 돌하르방들인지 그 주인공을 만나본다.

글 정유진　　　사진 제공 제주학연구센터　　　번역 김진엽　　　도움 김나영 제주민속자연사박물관 학예사

제주도 어디서든 쉽게 만날 수 있는 원조 돌하르방이
있다. 오는 5월 목욕재계할 돌하르방이 바로 그들이다. 요즘은
하트를 하거나 북을 치는 등 다양한 모습을 하고 있는 데
비해 겨드랑이를 몸통에 딱 붙여 근엄하고 인자한 모습으로
우리를 맞이하는 원조 돌하르방이 자칫 심심해 보일 수 있다.
하지만 그들도 키, 표정, 생김새까지 다 다르다는 사실. 아주
오래전 제주를 3개 읍성으로 나누어 관할하던 시절에 각
읍성의 상징처럼 세워졌고, 지역의 생활 모습과 지형적 특징을
담아 조금씩 다르게 조각한 것이다. 1960년대에 조사한
이들 원조 돌하르방 수는 총 48기. 그중 1기는 분실되었고,
2기는 국립민속박물관으로 옮겨져 현재 제주에서는 45기만
볼 수 있다. 이들은 모두 문화재로 지정되어 있다. 또 한
가지 사실, 원래 이름은 돌하르방이 아니었다는 것. 1971년
제주특별자치도 민속문화재 지정 당시 우석목, 동자석, 무석목,
동영감, 옹중석, 돌하르방 등 여러 이름으로 불렸는데, 이를
통일하기 위해 당시 어린이에게 친근했던 '돌하르방'을 선택했다.

요즘 우리가 기념품 숍 같은 데서 흔히 볼 수 있는
돌하르방은 주로 제주 동쪽 지역 출신이다. 주요 관아가 있었고
화북, 조천 등지가 육지 교류의 거점이었던 점을 미루어 멋진
돌하르방을 조각하고 세웠을 것이라는 이야기다.

제주를 여행하며 곳곳의 돌하르방을 비교해보아도 좋을
듯하다. 말끔하게 단장한 원조 어르신, 제주의 터줏대감에 대한
계를 갖추기 위해 돌하르방에 대한 이모저모를 풀어본다.

돌하르방, 누구시우꽈?

옹중석이올시다
돌하르방의 기원은 확실치 않지만 '옹중석'이란 이름으로 가장 오랫동안
불렀다. 역사서 <탐라기>에 따르면 1754년(영조 30년) 제주도에 부임한
목사牧使 김몽규가 성문 밖에 옹중석을 세웠다는 짧은 기록이 있다.
옹중석은 중국 진시황 대에 흉노족으로부터 나라를 지키던 완옹중 장군이
세상을 떠나자 그를 닮은 석상을 만들어 성 앞에 세움으로써 흉노족의
침입을 막았다는 설화에서 유래한 것이다.

성문 내비게이터
돌하르방은 옛 제주 3읍성의 성문 앞을 지켰다. 그뿐 아니라 무덤 앞이나
길가에 풍수상의 이유로 옹중석을 세웠다는 기록이 있다. 1960년대까지
제주성 동문 밖 돌하르방은 성문 밖 100m 지점에 4기가 서 있었는데, 이는
성을 찾는 이들에게 성문에 도달했음을 알리는 역할을 했다.

이따금 대문으로
돌하르방의 받침대를 눈여겨보면 측면에 'ㄱ' 자와 'ㅁ' 자 홈이 있다. 정낭을
걸쳐놓은 자리다. 돌하르방은 받침대와 함께 짝을 이뤄 대문 역할을 하기도
했다. 따라서 이 받침대도 문화재로 지정되었지만 대부분 소실되었고,
국립민속박물관이 소장한 돌하르방으로 그 원형을 확인해볼 수 있다.
하지만 정의성 돌하르방의 받침돌에는 홈이 없고, 대정성에서는 원형이
제대로 보존된 받침돌을 확인할 수 없어 정확한 사실을 알 길이 없다. 오직
돌하르방 본인만이 알고 있을 것이다.

1971년 드디어 문화재되다!
1971년은 돌하르방이 문화재로 지정된 해다. 여러 이름으로 불리던
명칭을 통합한 것도 이때. 이전까지 돌하르방은 문화재라는 인식 없이
폐기물 엎, 가정집과 관공서 마당에 방치되다시피 했다. 옛 기록에는 총
48기의 돌하르방이 확인되지만, 이제 제주도에서 직접 볼 수 있는 것은
45기뿐이며, 이들은 제주특별자치도 민속문화재로 지정되었다.

하르방, 미남이시네요

문화재로 지정된 45기는 모두 다르게 생겼다. 제주도를 관할하는 가장 큰
성인 제주성의 돌하르방은 대체로 키가 크고 선이 뚜렷하다.
"아마도 정치력을 따랐을 것"이라는 이들의 생김을 비교해본다.

풍채가 크고 근엄한
제주성 돌하르방

장석과 휘석 결정이 다량 함유된 조면현무암으로
만들어 기공이 큰 편이다.

이마와 눈의
경계를 굵은 음각
선으로 표현

뭉툭한 주먹코
형태와 동근
콧구멍

도드라진 가슴
근육과 건장한 몸

소매가 늘어진
도포 형태
옷 착용

키 150~230cm

얼굴보다 큰 모자.
각진 모서리와 넓은 테.
3단의 원 혹은 세로선
장식이 특징

치켜 올린
한쪽 어깨

앙다물거나 아래로
처진 입술
(대체로 무표정임)

배 위에 상하로
엇갈려 놓은 손

뒷면에 띠 형태의
모양을 조각한
것도 있음

84

원조 돌하르방은 조선시대 제주 3읍성(제주성, 정의성, 대정성)의 삼문(동·서·남문) 입구에 세워져 있었다. 제주성 돌하르방들은 제주도내에 21기, 서울 국립 민속박물관에 2기 그리고 1기는 분실되었다. 제주 관덕정, 제주민속자연사박물관 입구, 삼성혈 입구, 제주대학교박물관, 제주시청, KBS제주방송총국, 제주목관아, 제주 돌문화공원에서 볼 수 있다. 정의성 12기는 오늘의 표선면 성읍리에 위치한 정의읍성 동·서·남문, 대정성 12기도 대정읍성의 동·서·남문에 세워져 있다.

제주성
정의성
대정성

날씬하고 귀여운

정의성 돌하르방

작은 감람석 결정이 함유된 현무암으로 만들어 기공이 작은 편이다.

얼굴보다 작은 모자, 둥글게 말린 테, 끝을 다듬지 않아 평평한 정수리
눈꼬리가 살짝 치켜 올라간 가로 형태의 눈
키 123~179cm
삼각형으로 튀어나온 코
코의 너비와 비슷한 일자 입술
둥글고 나란한 어깨
배 위에서 상하로 엇갈리거나 가슴을 감싸 안은 손 (둥글게 주먹 쥔 경우도 있음)
넓은 소매 표현이 살짝 되어 있음
뒷면은 따로 조각하지 않음
한 몸매

작고 통통한

대정성 돌하르방

작은 감람석 결정이 함유된 현무암으로 만들어 기공이 작은 편이다.

각진 모서리의 모자. 테두리의 폭이 좁고 높이가 낮다.
얼굴보다 돌출된 눈
키 112~175cm
이중으로 둥글게 새긴 음각 선
삼각형 코
입꼬리가 살짝 올라가 웃는 표정의 입
얼굴보다 약간 넓은 어깨
쫙 펼친 손가락으로 가슴을 껴안거나 상하로 놓은 손, 혹은 맞잡은 손도 있음
목 부분이 둥근 형태 옷깃
작고 통통한 몸
뒷면은 따로 조각하지 않음

하르방,
목욕은 어떻게 하세요?

올해 5월, 5년 만에 45기의 돌하르방 세척 작업을 한다. 무표정한
돌하르방도 웃을 것 같은 묵은 때 벗겨내는 날의 이야기.

사진 제공 제주역사문화재돌봄센터   도움 신남충 제주역사문화재돌봄센터 팀장

길을 가다 보면 초록 이끼가 잔뜩 끼어 답답해 보이는
돌하르방을 만날 수 있다. 별다른 보호막 없이 미세 먼지, 빗물,
소금기를 머금은 공기와 바람, 습기 등에 노출되어 생물 피해를
입은 것이다. 특히 유동 인구가 많고 차가 많이 다니는 제주 시내
돌하르방의 오염 정도가 심하다. 매캐한 매연을 마시기도 하고
가끔 자신에게 걸터앉는 사람을 견뎌내며 목욕 날만 기다린다.
또 삼성혈에 있는 돌하르방 4기는 볕이 들지 않고 그늘에 위치해
봄 앞면은 멀쩡해 보여도 뒤쪽이나 측면에 이끼가 잔뜩 끼어
있다. 이들을 깨끗이 단장해주려 나선 이들은 과연 누구일까?
돌하르방 목욕을 책임지는 제주역사문화재돌봄센터에서 그날의
이야기를 들어보았다.

과정은 이러하다. 세척이 필요한 돌하르방의 사진을
찍어 어떤 부위를 어떻게 작업할지 석조 전문가와 자문 회의를
한다. 간지러운 부분까지 벅벅 시원하게 씻어주면 좋겠지만
훼손 위험이 있으므로 돌하르방별로 세척 강도와 범위를
정하는 것이 중요하다. 담당자들은 작업용 방수 앞치마와 팔
토시를 갖추고 안전 펜스를 챙겨 세척 현장으로 이동한다. 대략
2~3명의 전문가와 돌하르방 1기를 약 4시간 동안 세척한다.
건식, 습식으로 나눠 머리, 몸통, 받침돌 순으로 진행한다. 먼저
부드러운 붓으로 돌하르방에 쌓인 먼지를 꼼꼼히 털어내는 것이
건식 과정이다. 먼지가 오랫동안 쌓이면 돌 색이 검게 변하는

흑색 변색이 진행되는데, 기공이 클수록 먼지가 많이 끼지만
제거하기 쉽고, 기공이 작을수록 이물질이 끼는 일이 드물지만
매우 섬세한 작업이 필요하다. 감람석 결정이 함유된 현무암으로
만든 성읍리(정의성)와 대정읍(대정성) 돌하르방의 기공이 큰
편이다. 건식 작업이 끝나면 물을 뿌려 닦는 습식 작업으로
넘어간다. 특히 돌하르방의 머리 부분은 조류 배설물 피해가
크다. 물을 뿌리는 과정에서 오염된 물이 흐르며 2차 오염을
일으키기 때문에 물을 계속 흘려보내야 한다. 제주시(제주성)
돌하르방은 덩치가 큰 데다 기공이 작아 작업하기 힘들고 많은
인력과 시간이 필요하다. 하지만 목욕 전과 후의 차이가 커서 큰
보람을 느낄 수 있다. 그렇게 깨끗이 단장하고 나면 이끼 하나
없이 뽀송뽀송한 모습의 돌하르방이 살짝 웃어주는 것 같은
착각이 들기도 한다.

이와 같이 각별한 관리를 받는 45기의 돌하르방. 또
이들에게 영감받아 탄생한 수많은 돌하르방. 제주도의 상징으로
공항에서부터 사람들을 반기는 그 모습을 다치지 않고 오래도록
유지하려면 돌하르방을 마주하는 이들의 배려도 중요하다.
튼튼한 듯 보여도 생각보다 까다롭고 예민하기에, 이들을
목욕시키는 사람들과 같은 마음으로 대하기를 기대해본다. 특히
문화재로 지정된 돌하르방 앞에는 안내 푯말이 있으니 알아보기
쉬울 것이다.

86

87

iiin 제주의 생활에 초점을 맞춘 잡지로, 2014년에 시작되었다. 발행인인 콘텐츠그룹 재주상회의 고선영 씨 등은 제주에서 생활하며 자신들이 '호기심 있는 것'을 취재해 누구나 알기 쉽도록 소개한다. 2024년 봄 현재 41권을 발행했다. 16,000원. 🏠 iiinjeju.com

iiin (i'm in island) iiin is a magazine that shines a lens on the lifestyles in Jeju that was first published in 2014. The Publisher, Sunyoung Koh of Content Group Talent Company, together with other Jeju residents, cover and report on "curious things" and introduce them in a way that's easy for everyone to understand. As of spring 2024, 41 issues have been published. ₩16,000. 🏠 iiinjeju.com

065

Introducing *iiin*, a cultural magazine from Jeju

P. 065

vol. 37   2023 Spring
I need a garden.

P. 066-067

066-067

하르방 목욕하시는 날
5년에 한 번 돌아오는 그날, 돌하르방이 목욕하는 날이 다가오고 있다. 그 많은 돌하르방 중 딱 45기만 이렇게 특별 관리를 받는데, 이유가 무엇일까? 모든 돌하르방의 원조로 문화재에 등록되어 있기 때문이다. 과연 어떤 돌하르방인지 그 주인공들을 만나본다.

글: 정유진 / 사진 제공: 제주학연구센터
번역: 김진엽 / 도움: 김나영 제주민속자연사박물관 학예사

The day when *hareubangs* get a shower
Held once every five years, the day when all *dol hareubangs* (rock gramps) get a shower is almost upon us. The reason why only these 45 out of the many *dol hareubang* statues get to enjoy this special treatment, is because they are registered as cultural assets as the original *dol hareubangs*. Let's take a look at the protagonist and see what kind of *dol hareubang* it is.

Text: Yoo-jin Jung / Photos: Center for Jeju Studies
Translation: Jin-yeop Kim / Support: Na-young Kim, Curator, Jeju Folklore & Natural History Museum

P. 068-069

068-069

하르방, 미남이시네요
문화재로 지정된 45기는 모두 다르게 생겼다. 제주도를 관할하는 가장 큰 성인 제주성의 돌하르방은 대체로 키가 크고 선이 뚜렷하다. "아마도 정치력을 따랐을 것"이라는 이들의 생김을 비교해본다.

The suave *hareubangs*
The 45 statues designated as cultural assets all look different from each other. The *dol hareubangs* standing guard over the largest Jeju Castle in Jeju Island are generally taller with sharper silhouettes. Let's compare their appearances, which are said to "probably reflect the political power of that time."

P. 070-071

070-071

하르방, 목욕은 어떻게 하세요?
올해 5월, 5년 만에 45기의 돌하르방 세척 작업을 했다. 무표정한 돌하르방도 웃을 것 같은 묵은 때 벗겨내는 날의 이야기.

사진 제공: 제주역사문화재돌봄센터
도움: 신남중 제주역사문화재돌봄센터 팀장

Hareubang, how about taking a bath?
This May, 45 *dol hareubang* statues were cleaned for the first time ever in five years. The day when the accumulated grime and dirt were washed off these expressionless "rock gramps" to perhaps even let slip a sliver of a smile.

Photos: Jeju Center for the Care of History and Cultural Heritage
Support: Nam-jung Shin, Team Leader of Jeju Center for the Care of History and Cultural Heritage

목화휴게소

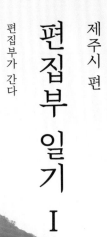

편집부가 간다

제주시 편

신도 히데토 & 이지나

편집부 일기 I

Editorial Diary
JEJU MAP

1
2

Editorial Diary 1 : Editorial Team on the Go

By Hideto Shindo & Jina Lee

첫 해외 특집, 드디어 제주로 향하다

제주에는 도쿄 하네다공항에서 대한항공을 타고 서울을 경유(코로나19 팬데믹 전에는 직항도 있었
다)해 들어갔다. 제주는 한국의 17개 행정구역에 속하며 정확하게는 '제주특별자치도'라고 불린다. 한
반도의 남쪽 동중국해에 떠 있는 한국 최대의 섬으로 오키나와의 본섬보다 조금 크다. 섬 한가운데에
우뚝 서 있는 한라산을 중심으로 기생화산 오름과 원생림 곶자왈 등 화산섬 본래의 자연이 현재도 그
대로 남아, 2007년에는 '제주의 화산섬과 용암동굴군'으로 유네스코 세계자연유산에 등록되어 지금
은 아시아의 리조트 지역으로 전 세계에서 유명하다. D&DEPARTMENT도 2013년에 문을 연 서울점
에 이어 2020년에 'D&DEPARTMENT JEJU by ARARIO'를 제주시 구제주 지역에 탄생시켰다. 이번
여행은 그곳의 사원 기숙사이기도 한 건물을 편집부의 베이스캠프로 빌려, 제주점 직원들도 가능한
한 선에서 취재에 동행하고 협력했다. 참고로 편집장인 나는 한국어를 할 수 없으므로 취재는 한국인
에디터 이지나 씨의 전속 지원을 받아 약 2달 동안 첫 글로벌 협업 편집부를 결성해 있는 그대로의 한
국 문화를 배우며 미지의 '제주다움'을 흡수했다(실제 현지 체류 기간은 약 1달이다). 이지나 씨의 시
점도 더해 편집부가 바라본 제주를 되돌아본다.

1 제주시

제주국제공항에서 차로 약 15분, 섬 북쪽에 위치한 구제주 지역은 1990년대에 시장과 쇼핑센터, 영화
관 등이 들어서며 제주 최대의 번화가로 북적이던 곳이다. 그렇지만 이후 도시의 중심이 남쪽으로 이
동하면서 더 이상 개발이 이루어지지 않았고, 자연스럽게 동네의 느긋하고 편안한 생활 모습이 그대
로 남았다. d 제주점의 운영 모체인 '아라리오'는 아티스트인 씨킴CI KIM 씨가 창업했는데, 예술과 함께
하는 생활문화 창조기업이다. 사람들의 생활에 문화의 감동을 전하는 일을 경영 이념으로 삼아서 오
래된 건물을 뮤지엄으로 개조하는 등 도시 재생에도 힘쓰고 있다. 제주에는 바다가 보이는 영화관을
개조한 '아라리오뮤지엄 탑동시네마'와 제주동문시장 근처에 있는 두 곳의 모텔을 개조한 '아리리오뮤
지엄 동문모텔 1, 2'를 2014년 오픈했다. 이들 건물들은 마치 이 화산섬의 마그마처럼 새빨간 외관을

1. Jeju City Area
Old Jeju is located on the north side of the island, about 15
minutes by car from Jeju International Airport. In the 1990s,
it flourished as the island's biggest shopping district. But then
the city center shifted southward, and Old Jeju became
frozen in time, preserving Jeju's uniquely easy-going way of
life. Arario, the lifestyle culture company that operates d's
Jeju branch, dedicates itself to inspiring people by bringing
culture into their lives. Founded by artist CI KIM, the
company undertakes urban renewal projects such as

renovating old buildings into museums. In Jeju, it has
converted a cinema overlooking the sea into the Arario
Museum Tapdong Cinema, and two motels near the Jeju
Dongmun Market into the Arario Museum Dongmun Motels
1 & 2. In contrast to the bright red exterior, the interior is
quite tranquil, with artwork that brings to life the history
and culture of each region.
    The first stop for any foreigner visiting Jeju for the first
time should be the Jeju National Museum, where you can
learn about the island's history from its earliest

지녔는데 그와 대조적으로 내부로 들어서면 적막이 흐르는 공간이 펼쳐진다. 이를 통해 각 지역이 지닌 역사와 문화를 예술과 중첩해 느낄 수 있어 코로나19 팬데믹 시기를 지나며 혼돈에 빠졌던 우리의 가치관이나 개념을 조금 정리해 주었다.

만약 제주를 처음 방문하는 외국인이라면 반드시 가보아야 할 장소로 '국립제주박물관'을 추천한다. 일본어 팸플릿도 있어(이런 자료는 아주 큰 도움이 된다) 제주의 기원을 비롯한 역사를 배울 수 있었다. 특히 흥미로웠던 곳은 아이들을 위한 전시실 '어린이박물관 Hi there Jeju'였다. 전시실이라지만, 놀이방과 같은 개념의 장소였는데, 마치 게임처럼 제주의 역사와 문화를 익히게 하겠다는 노력이 엿보이는 곳이었다. 물론 어른도 아이와 함께 체험할 수 있으며, 제주 생활에서 중요시되는 '돌(실제로는 완구)'을 쌓거나 배추나 감자 등 채소를 수확하는 다양한 장난감(전시품)을 사용해 아이들이 놀면서 제주에 대해 배울 수 있도록 해 놓았다. 공식 가이드북의 디자인도 아주 훌륭하다. 일본인은 물론 한국인에게도 추천할 만한 곳이다.

다음으로 향한 곳은 '제주돌문화공원'이다. 곶자왈의 자연이 배경으로 펼쳐지는 광대한 부지에서 화산섬인 제주의 형성 과정과 제주도민의 생활에 녹아 있는 돌 문화를 소개한다. 박물관이나 갤러리, 전통 초가집 마을, 돌하르방도 볼 수 있는 야외 전시 등 다양한 각도로 제주다움을 디자인하고 있어 꼼꼼히 살피며 견학하면 3시간은 걸린다.

이어 제주가 시작한 장소인 '삼성혈三姓穴'로 향했다. 제주도의 기원인 탐라국을 창조한 고을라, 부을라, 양을라 등 삼신인이 나타났다고 전해지는 성지다. 약 1만 평에 이르는 부지 전체가 태고부터 소중하게 보존되었다. 제주 구시가지 그 어디에서도 흔히 볼 수 없는 울창한 숲으로 뒤덮여 있으며 거목도 많아 신성한 분위기를 느낄 수 있다. 신들의 성인 양 씨, 고 씨, 부 씨 성을 지닌 사람 중에는 특히 제주 출신이 많다고 한다(이 장소를 소개해 준 이도 양 씨였다). 구멍 3곳과 비석 바로 앞까지 접근해서 살펴볼 수 있었다.

제주 출신 건축가 김석윤 씨가 설계한 '한라도서관'으로 발길을 옮겼다. 일정에 여유가 있다면 지하 1층에 있는 제주문헌실에 반드시 들러보기를 바란다. 제주에만 있는 오름의 사진집을 비롯해 제주에 관한 다양한 책과 잡지를 살펴볼 수 있다. 식당도 함께 운영하고 있어서 제주에 사는 사람들도 일부러 밥을 먹으러 찾아온다고 한다.

days. Especially interesting was "Hi there Jeju," an exhibit hall—really more of a playroom—where kids can experience history and culture through games.

The sprawling Jeju Stone Park, set against a natural backdrop of *gotjawal* forest, tells the story of Jeju's volcanic origins and the stone culture that forms an integral part of daily life on the island. To see everything would easily take three hours: there's a museum, gallery, traditional thatched-roof houses, and outdoor exhibits, each capturing the uniqueness of Jeju design from different angles.

Samseonghyeol, Jeju's "birthplace," is said to be where the three divine founders of the island's aboriginal kingdom of Tamna first appeared. The roughly 30,000 m2 site, carefully preserved since time immemorial, is covered in dense forest the likes of which you won't see anywhere else in the old city, including many ancient giants that give it an air of sanctity.

Halla Library was designed by architect and Jeju native Seokyoun Kim. The Jeju Literature Room in the basement, featuring a photo collection of Jeju's iconic *oreum* volcanoes as well as a variety of Jeju books and magazines, is worth a

제주에 대해 조금씩 알기 시작한 편집부는 베이스캠프 근처에 있는 '제주동문시장'으로 향했다. 공항도 가까워 관광객에게도 인기가 있다 보니 시장은 아침 일찍부터 활기로 넘쳤다. 가건물 느낌의 상점이 골목길에 즐비해 마치 미로처럼 펼쳐졌다. 본래이곳은 백화점과 영화관인 '동양극장'으로 설계된 제주 최초의 근대상업건축물로 시작했다. 산지천 하류에 위치한 동문 지역 일대는 채소와 식료품, 가방 등을 판매하는 노점이 즐비한 상업의 중심지였다고 한다. 이후 두 차례 화재를 겪은 뒤 제주 출신 건축가 고故 김한섭 씨가 설계를 맡아 1965년 지금의 모습으로 완성되었다. 거대한 지붕이 파도의 형상처럼 반복되기 때문에 위에서 보면 삼각형 모양의 건물이 마치 배船처럼 보인다.

시장이라고 하면 한국에서는 5일에 한 번 열리는 오일장이 있는데, 제주에서는 한국에서도 최대 규모를 자랑하는 '제주시민속오일시장'이 열린다. 제주산 채소를 비롯해 전통 공예까지 없는 것 없이 다 갖추고 있는 곳에서 나는 시장 안에서 만드는 신기한 손도끼 제주 나대를 샀다. 만약 시장을 돌아다니다 배가 살짝 출출해지면 향토 요리 빙떡 등 다른 곳에서는 보기 어려운 음식을 파는 가게도 있으므로 이것저것 맛보며 구경하는 것도 추천할 만한 재미다.

빙떡은 처음 들어보는데 도대체 무엇일까? 이렇게 생각한 편집부는 외국인 관광객도 편하게 참가할

visit if you have time to spare.

After getting to know Jeju a little, we ventured forth to Jeju Dongmun Market, right near our base camp. The market has its origins in the Dongyang Theater, Jeju's first modern commercial building. Many years ago, the Dongmun area was Jeju's commercial center, with stalls selling everything from vegetables and groceries to shoes. After two devastating fires, the current building was completed in 1965. Designed by the late Jeju-born architect Hanseup Kim, the building's large, wavy roof and triangular shape resemble nothing so much as a ship.

IKKOI

이꼬이에 놀러 왔어요

수 있는 향토요리체험교실 '산도록'에 가기로 했다. 거기에서는 빙떡을 비롯해 '오메기떡' 등 제주의 낯선 향토 요리를 처음부터 가르쳐 주며, 마지막에는 직접 만든 요리도 먹을 수 있다. 빙떡은 메밀가루로만 만든 반죽을 굽고 그 위에 양념한 무나물을 올려 돌돌 만 제주의 소울 푸드다. 산도록의 대표 황선향 씨는 식어도 맛있다면서 뚝딱 만들어 보여주었지만, 초보인 우리에게는 역시 쉽지 않았다.

제주다운 요리를 배우기 위해 참고했던 책이 민박집 '이꼬이'에서 만든 콘셉트 북이다. 한국의 책들은 다들 기본적으로 북 디자인이 세련된 편이지만, 이 책은 서점에서 보았을 때부터 특히 더 궁금했다. 제주의 식재료와 향토요리를 소개하고 있어 마치 요리책처럼 보이기도 한다. 사실 이 책을 만든 이꼬이라는 숙소 자체도 아주 매력적인 곳이다. 주인이자 요리연구가인 정지원 씨가 숙박객만을 위한 조식으로 내놓는 구운 생선 정식은 어딘지 일본의 가정 요리를 떠올리게 한다. 그도 그럴 것이 정지원 씨의 외할아버지는 일본에 있는 대학교에서 교수로 재직한 적도 있어 어렸을 때부터 일본 문화와 친숙했다고 한다. 그러한 영향도 있어 숙소 자체도 휴식한다는 뜻의 일본어 '이코우憩う'를 콘셉트로 삼아 낯선 이국의 땅에서도 여성이 안심하고 푹 쉴 수 있도록 고려했다고 한다. 객실 이름에 마라도나 우도 등 제주 외딴섬의 이름을 붙였는데 이 또한 식재료는 물론, 제주의 자연이 주는 산물에 대한 감사와 존경의 마음에서 비롯한 것이다.

내가 제주도에 체류하던 기간에는 재단장 중이어서 방문하지 못한 '풀고레'는 베지근연구소 소장이자 요리연구가 김진경 씨가 운영하는 레스토랑이다. 계절별로 제주의 요리를 이야기와 함께 현대적으로 해석해 제공한다. 요리가 그릇에 담기는 모습까지도 신경을 쓰는 곳으로, '한치 미나리전'이나 '갈치속젓 떡볶이' 등 제주의 식재료로 만든 창의성 넘치는 요리가 가득하다. 제주의 술도 풍부하게 갖추고 있어 나중에 지나 씨가 보내준 사진을 보고 그저 부러워할 수밖에 없었다. 지금은 레스토랑은 운영하지 않고 제주 메뉴 팝업으로 비정기 운영하고 있으니 방문하기 전에 꼭 확인하자.

이 책의 발행인 나가오카 겐메이 씨도 극찬한 '르부이부이Le boui boui'는 제주의 식재료를 살린 클래식한 프랑스 비스트로 요리를 제공하는 레스토랑이다. 지역 서점인 '소심한책방'과 협업해『당신은 당근을 싫어하는군요 저는 김치를 싫어합니다』라는 에세이 책도 출판했다. 혼자여도 코스 요리를 먹을 수 있는 것은 물론, 추천 와인 리스트에서 와인도 글라스로 주문할 수 있다. 참고로 지나 씨는 제주에서 진행한 모든 취재가 끝난 날 이곳에서 축배를 들었다고 한다. 수고하셨습니다!

When we heard about the local Jeju dish *bingtteok*, Jina and I had to know more. So we visited Sandorok, a cooking classroom open to foreign tourists. There, we learned how to make *bingtteok*, *omegiddeok*, and other exotic-sounding Jeju dishes from scratch, and even got to taste them at the end. We also cooked one of Jeju's "soul foods," consisting of simmered and seasoned daikon radish wrapped in crepes made from 100% buckwheat flour. Despite how easy our instructor Sunhyang Whang made it look, it was quite hard for beginners like us.

Our reference guide for Jeju cuisine was the artfully designed concept book for the inn IKKOI. Almost a cookbook in itself, it covers Jeju foods and local dishes from A to Z. But the inn itself is quite charming as well. Breakfast at the inn, prepared exclusively for guests by owner and culinary researcher Jiwon Jung and featuring grilled fish as its main dish, reminded me somehow of Japanese home cooking.

Pulgore is a restaurant run by culinary researcher Jinkyung Kim, director of the Baejigeun Research Laboratory. Although it was sadly closed for renovation during my stay, it offers

르부이부이에서 약 5분 정도 걸어가면 '커피동굴_플랜트'가 있다. 연두색 문을 열면 식물이 가득한 계단이 눈에 들어온다. '식물서점'이라고도 불리는 이곳의 주인은 『오름오름』『오름오름 트래킹 맵』 등 오름에 관한 책도 썼다. 큐레이션한 책은 책방 이름 그대로 식물과 자연, 커피에 관한 것이 대부분이었다. 지나 씨가 이곳에서 마음에 들어 한 책은 일본 그림책 작가 이세 히데코いせひでこ 씨가 쓴 『커다란 나무 같은 사람大きな木のような人』이었다. 작지만 편하게 들를 수 있는 가게다.

'만춘서점'은 본래 육지에서 활동했던 그래픽 디자이너 이영주 씨가 제주도로 이주한 뒤 문을 연 서점이다. 일본의 영화감독 오즈 야스지로小津安二郎의 영화 《만춘晩春》에서 그 이름을 따왔다고 한다. 책방은 아름다운 해변이 펼쳐지는 함덕에 위치한 곳으로, 삼각형이 특징인 작은 건물에 자리하고 있다. 이곳에서는 제주 출신 일러스트레이터 김성라 씨의 『고사리 가방』을 구입했다. 제주 출신 아티스트나 서점주인 이영주 씨와 친분이 있는 뮤지션들과 협업해 만든 만춘서점 오리지널 레코드 《우리의 만춘》 등 창의적인 서점 제품도 매우 멋스럽다. 참고로 나는 제주 여행을 떠올리면서 기사를 쓸 때마

modern takes on seasonal Jeju dishes along with the stories behind them.

Le boui boui, offering classic French bistro dishes made with local Jeju ingredients, got rave reviews from our publisher Kenmei Nagaoka. The full-course meals are great even for solo diners, as is the wine list, which you can order by the glass.

Open the greenish-yellow door of coffee donggul_plant and you're greeted by a staircase teeming with plant life. The owner of this "plant bookstore" also publishes books on

oreum volcanoes, with titles like *Oreum Oreum* and *Oreum Trekking Maps*.

Late Spring Books was started by graphic designer Youngju Lee, who moved to Jeju from the mainland. The shop, located on gorgeous Hamdeok Beach, is named after the movie *Late Spring* by Japanese director Yasujiro Ozu. I bought a copy of Seongra Kim's *The Bracken Bag*; the shop also has a wonderful selection of creative original products, such as the Late Spring Books-exclusive album *"Our Late Spring,"* made by a local Jeju artist and her musician friends.

다 언제나 이 음악을 틀어놓았다.

　제주를 방문하는 사람들 대부분은 바다나 산 등 풍성한 자연 풍경을 즐기기를 원한다. 그렇기 때문에 제주에 있는 카페들의 인테리어 특징으로는 제주의 자연을 그대로 담은 '초록의 창(이른바 SNS에 올리고 싶어지는 사진 스폿)'을 들 수 있다. 이와 같은 카페 형태의 선구자적 역할을 한 곳이 2011년 오픈한 '카페 세바'다. 작은 산간 마을 깊숙한 곳에 자리해 제주의 사람들이 어떻게 살아가고 있는지 엿볼 수 있다. 오븐으로 굽는 제주의 보리빵과 함께 우리는 각자 청귤 에이드, 시나몬 귤차 등을 주문해 먹으며 창 너머로 보이는 제주의 초록 풍경을 즐겼다.

　d 제주점의 오리지널 수제 맥주는 서울에서 창업한 '맥파이 브루잉'이 만드는데 이들에게는 제주에 귤 창고를 활용한 양조장이 있다. 한국에서 술이라고 하면 소주나 막걸리와 함께 1990년대부터 판매되고 있는 대표 맥주 '카스'를 들 수 있다. 이후 2019년 맥주 '테라'가 발매되면서 맥주 시장이 한창 급성장했다. 같은 시기 제주에는 수제 맥주를 제조하는 곳의 수가 매우 늘었다고 한다. 양조장은 견학도

Almost everyone who comes to Jeju is there to see the natural beauty of its mountains and seashores. Which explains why so many Jeju cafes these days feature "green windows," with postcard-like views of nature that seem tailor-made for Instagram. The pioneer of this trend was Cafe Seba, opened in 2011. Nestled in a quiet corner of a small mountain village, it offers a glimpse of life Jeju-style.

d Jeju's original craft beer is made by Seoul-based Magpie Brewing, whose Jeju brewery is housed in one of the island's iconic mandarin orange warehouses. Take a tour and you'll see beers made with ingredients like Jeju mandarin peel, used in traditional Korean medicine, and *hobak* gourds.

The Jeju Museum of Contemporary Art is located in Jeoji-ri Artists' Village. When we visited in May, the museum was holding an exhibition of paintings on the 4.3 Incident, an uprising on Jeju against the 1948 partition of Korea. There's also an outdoor exhibit with a variety of sculptures, as well as media art shows in the museum's external storage room.

Also in the Artists' Village is the Jeju Craft Museum. We were lucky to visit during a special exhibit on Jeju's

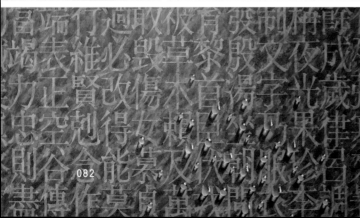

가능한데 이곳에서 만드는 맥주 중에는 한국의 전통 의학에도 활용되는 제주 감귤의 껍질이나 호박 등을 부원료로 한 맥주도 있다. 맥주는 실컷 마셔도 좋지만, 밤이 되면 주변에는 인적도 드물고 택시도 다니지 않으니 미리 이동 수단을 확보해 두기를 꼭 추천한다.

저지리에 있는 '문화예술인촌' 중심부에는 '제주현대미술관'이 있다. 우리가 방문한 5월에는 '제주 4·3 사건'을 주제로 한 그림전이 열리고 있었다. 야외 전시도 진행 중이었는데 국제조각심포지엄에도 설치되었다는 다양한 조각이 곳곳에 흩어져 있었고, 미술관 외부의 공공 수장고에서는 미디어 아트도 열렸다. 2022년에는 제주에 거주하며 작업하는 화가 김보희 씨가 그린 제주의 풍경 그림이 이곳에 커다랗게 전시되었다. 정말 분위기 좋은 미술관이다.

같은 문화예술인촌에 있는 '제주공예박물관'은 제주의 다양한 공예품을 전시한다. 우리가 방문했던 날에는 우연히 옹기를 특집으로 한 전시가 열리고 있었다. 커다란 옹기뿐 아니라 찻잔과 같은 작은 옹기들도 감상할 수 있었는데 상당히 오래전에 만들어진 그릇들이었는데도 디자인이 현대적이었다. 이는 분명 제주라는 섬이 완성한 독자적인 문화의 상징인 동시에 한국인이 본래 지닌 좋은 감각 때문일 거라고 생각했다. 이외에도 '목공'이나 '글자' 등 디자인적 시점에서 비롯된 고찰도 매우 흥미로웠으며 도록의 북 디자인도 역시 디자인성이 높았다. 규모는 작았지만, 일본의 민예관과 비슷해 전시회가 있을 때마다 방문하고 싶은 곳이었다.

다음으로 '제주도립김창열미술관'에 들렀다. 아티스트 고 김창열 씨는 '물방울'을 주제로 40년 넘게 그림을 그렸다. 이곳에는 그가 생전에 기증한 약 220점의 작품이 전시되어 있다. 2016년 미술관 개관 당시 김창열 씨는 "나는 평안남도 맹산에서 태어나 다행히도 호랑이에게 잡아먹히지 않고 여기 제주까지 올 수 있었다. 상어에게 잡아먹히지 않는다면 제주에서 여생을 보내고 싶다."라고 이야기했다. 그가 타계한 뒤 유언대로 김창열 씨의 자택 부지에 수목장이 이루어졌다. 미술관 건물은 '빛과 그림자가 공존하는 물방울'을 모티브로 했으며, 하늘에서 보면 정사각형 안에 작은 정사각형이 들어간 '回(돌아올 회)'의 형태를 하고 있다. 김창열은 예순이 된 이후부터 『천자문』 위에 물방울을 그리는 《회귀》 연작을 시작했다. 보는 이까지도 원점으로 돌아가게 하는 독특한 세계관이 마음에 들었다.

'성이시돌목장'은 아일랜드 출신의 패트릭 J. 맥그린치Patrick James McGlinchey, 한국명 임피제 신부가 제주에 부임했을 당시 불모지였던 곳을 개간해 만든 곳이다. 성이시돌목장이라고 하면 제주의 대표

---

onggi pottery. Other exhibits on woodworking and calligraphy were fascinating to study from a design perspective; even the picture book bindings were exquisitely designed. Despite its small size, the museum reminded me of Japan's Folk Craft Museum, and I'm tempted to come back for future exhibitions.

A stop at the Kim Tschang-yeul Museum of Art brought us face to face with the late artist and his 40 years of paintings depicting water droplets. The building itself is patterned after water droplets mixing light and shadow; seen from above, it's shaped like a square within a square. I was partial to the unique worldview of his "Recurrence" series, begun only after he turned 60, which seems to take viewers back to their point of origin.

St. Isidore Farm was started on a previously uncultivated plot of land by an Irish priest on a mission to Jeju. The buildings date from a time when construction materials were scarce, and were designed to be built quickly using simple techniques and materials.

During breaks between trips, we often stopped at Coffee Temple, located on Jungseon Farm. There, we enjoyed

기념품 우유 쿠키 등을 만든다는 인식이 있었는데 실제로 목장에 와보니 무언가 색다른 형태를 한 건축물이 있었다. 그 건물은 아치형 발판 위에 섬유형 틀을 깐 뒤 기둥이나 철근을 사용하지 않고 시멘트나 모르타르를 중첩해 발라 만든 '테시폰Ctesiphon 구조'로 되어 있었다. 이 구조는 당시 건축 재료가 부족했던 시대적 상황을 고려하면 간단한 기술과 재료들만으로 단시간에 건물을 건설할 수 있었기 때문에 가장 '제주다운' 시공 방식이었다고 한다. 시공이 편리하고 비용이 절감된다는 장점 때문에 제주의 중간산 지역에 테시폰 건축이 많이 지어졌고 전국으로 보급되었다. 병설된 카페에서 마시는 맛있는 밀크셰이크의 배경에는 그러한 '제주다움'도 숨어 있었다.

취재하는 틈틈이 '커피템플'이라는 카페를 자주 이용했다. 카페는 옛날 감귤밭을 문화공간으로 정비한 복합문화공간 '중선농원'의 부지 안에 자리하고 있다. 늘 느릅나무 아래에서 제주의 감귤로 만든 라테나 카푸치노, 아메리카노를 청량한 기분으로 마셨다. SNS에 올릴 만한 멋진 사진을 찍을 수 있어 관광객들에게 매우 인기가 있는 카페였는데, 커피도 맛있는 데다 아침 9시부터 문을 연다는 점도 좋았다. 제주를 여행한다면 꼭 들러보길 바란다.

'거문오름'은 신령스러운 공간이라는 의미를 지닌 장소다. 유네스코 세계자연유산에도 오른 거문오름은 울창한 수목이 검은 띠를 형성해 보기에도 특이한 기생화산이다. 분화구와 화산지형으로 되어 있어 일부러 관광이나 트레킹 등으로 방문하는 사람도 많다. 개별적인 등산은 할 수 없으며 반드시 예약해야 한다.

그런 거문오름 산기슭에 숙소를 구했을 때 저녁을 먹기 위해 이탈리안 클래식 와인바 '바코'로 향했다. 바코는 인적이 드문 산속에 위치해 있어서 홀로 불을 밝히고 있는 그 모습을 발견했을 때 정말 반가웠다. 제주의 전통 석조 방식을 차용한 건물의 문을 열고 들어서면 밖에서는 상상할 수 없는 세련된 분위기가 펼쳐진다. 버터와 치즈에 조린 대파, 제주산 돼지고기 판체타로 만드는 완두콩과 토마토 요리, 제주의 채소와 한우를 듬뿍 넣은 라구 파스타 등 모든 요리가 일품이었다. 꼭 와인과 함께 맛보기를 바란다.

이번에 편집부의 제주도 취재를 위해 한국 굴지의 자동차 회사 현대자동차에서 경형 SUV '캐스퍼CASPER'를 제공받았다. 제주도 비자림을 모티브로 삼아 디자인한 컬러 '비자림 카키 매트'에서는 일본 회사들의 자동차에서는 좀처럼 발견할 수 없는 지역성이 느껴졌다. 그런 제주다운 차로 향한 곳은 물

lattes, cappuccinos, and americanos made with Jeju citrus fruits in the shade of an elm tree.

Geomun Oreum, a UNESCO Natural World Heritage Site whose name means "place of divine spirits," is a visually striking parasitic volcano covered with thick black forest. It's a popular destination for tourists and trekkers. You'll need a reservation, though, and solo climbing is not allowed.

During our stay at the foot of Geomun Oreum, we dined at Bacco, a classic Italian wine bar and a welcome refuge on an otherwise lonely mountain. The façade of this traditional Jeju stone building belies its surprisingly refined interior.

Korean auto giant Hyundai was kind enough to lend us one of their Casper light SUVs to get around the island. The car's unique khaki color, patterned after Jeju's Bijarim Forest, gave it a regional flavor you'd be hard pressed to get from a Japanese automaker. Bijarim is one of Jeju's *gotjawal* forests, home to over 2800 old-growth old kaya trees that live to be 500-800 years old. It's designated by the Korean government as a Natural Monument, and is among

론 '비자림'이다. 제주의 곶자왈 가운데 하나로 수령 500-800년이나 되는 오래된 비자나무가 2,800그루 이상 자생한다. 숲 전체가 천연기념물로 지정되어 있으며, 단일 수종 숲으로는 세계 최대 규모를 자랑한다고 한다. 아쉽게도 차로는 진입할 수 없었고, 입장료를 내고 들어가 제주 최초의 산림욕장을 걸으며 즐길 수 있었다. 1년 내내 초록이 풍성한 제주의 자연을 즐기고자 육지에서 일부러 찾아와 맨발로 걷는 사람들도 간간히 보였다. 그 모습에 한국인들은 모두 자연을 원한다는 생각이 들었다.

제주에 와서 인상적이었던 점이 있다. 바로 택시가 흔하다는 것이다. 이번 여행에서는 마지막에 렌터카를 빌렸는데(여행 후반에는 캐스퍼를 탔다), 일정이 짧은 여행이라면 이동할 때 택시를 이용하기를 추천한다. 비용면에서도 당연히 이득이고, 애플리케이션 '카카오택시'를 설치해 두면 일본에서 택시를 잡을 때보다 훨씬 편하게 택시를 부를 수 있다. 맥파이 브루잉에서 술을 마신 뒤 돌아갈 방법이 없어 곤경에 처한 우리를 구해준 것도 바로 제주의 택시였다. 택시 운전사인 신재민 씨는 1일 관광으로 택시를 대절했던 일을 계기로 인언을 맺어 이후에도 몇 차례 도움을 받았다. 제주시를 함께 돌아본 또 다른 주요 인물이라고 하겠다.

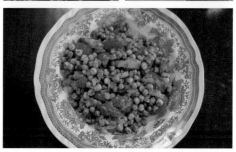

여행은 서귀포시 편(p.126)에서도 이어집니다.

the world's largest monoculture forests.

One of the most striking things about Jeju was the sheer number of taxis. For short stays, they're your best bet for getting around. Not only are they economical, but with the "papago" app they're far easier to hail than cabs in Japan. When I found myself stranded after a night drinking at Magpie Brewing, taxi driver Jemin Shin came to the rescue. We'd chartered his services before for a day of sightseeing, and he continued to be a key member of our party as we traveled around Jeju City.

Continues in Editorial Journal II: Seogwipo

제주의 맛

취재가 아니어도 편집부가

가고 싶은 가게

소개한다. 기내식은 되도록 참기를 바란다.

정도로 강한 인상을 준 11개 요리를 엄선해

참 많았다. 그 가운데 기억에 선명하게 남을

편집부가 모르는 「제주판 한국요리」가 의외로

한국 요리는 친숙하다. 그런데 제주에서는

비빔밥이나 냉면, 불고기 등 일본인에게도

Favorite Dishes From JEJU

Korean dishes such as bibim-bap, cold noodles, and bulgogi are familiar to Japanese people too, but contrary to our expectations, we came across many "Jeju's versions of Korean dishes" that the editorial team was unaware of. Here is our curated selection of unforgettable eleven dishes that will blow your mind.

1 멸치국수
FAVORITE
Noodles cooked in anchovy broth

제주에서는 숙취 해소를 위해 먹는 음식이 수없이 많은데 가장 먹고 싶었던 음식이 이것이다. 어머니가 한 그릇 한 그릇 정성스럽게 만들어준다. (신도 히데토)

보통 4,000원 / 곱빼기 5,000원

춘자멸치국수
📍 제주 서귀포시 표선면 표선동서로 255
☎ 064-787-3124 🕗 8:00–18:00 연중무휴
Chunja Myeolchi Guksu 🕗 8:00–18:00 Open all year

2 돔베고기
FAVORITE
Dombegogi

도마를 뜻하는 돔베에 담아 나오는 일품 고기 요리로 옛 정취가 느껴지는 좌식 가게에서 맛볼 수 있다. 탱탱한 비계와 부드러운 살코기가 서로 다른 매력을 뽐낸다. (이학원)

소 29,000원 / 대 39,000원

호근동 📍 제주 제주시 광양10길 17
☎ 064-752-3280 🕗 17:00–26:00 연중무휴
Hogeundong 🕗 17:00–26:00 Open all year

3 고사리육개장
FAVORITE
Bracken hangover soup

죽과 같은 신기한 식감의 찌개로, 제주 특산물인 고사리와 제주산 돼지고기가 들어간다. 숙취가 없어도 먹으러 간다. (가가야 유노加賀谷柚乃) 10,000원

우진해장국 📍 제주 제주시 서사로 11
☎ 064-757-3393 🕗 6:00–22:00 연중무휴
Woojin Haejangguk 🕗 6:00–22:00 Open all year

4 반건조 오징어
FAVORITE
Half-dried grilled squid

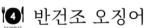

올레길을 걷다가 발견하면 바로 주문한다. 오징어구이 한 조각과 맥주 한 모금이 그날의 피로를 날려준다. (정인선) 12,000원

목화휴게소
📍 제주 서귀포시 성산읍 해맞이해안로 2526
☎ 064-782-2077 🕗 11:30–18:00 수요일 휴무
Mokhwa Rest Area 🕗 11:30–18:00 Closed on Wednesdays

5 FAVORITE

제주달고기튀김
Jeju John Dory Tempura

제주의 생선인 달고기를 한 마리 통째로 튀겨 흰 살부터 뼈까지 버리는 부위 없이 즐길 수 있는 생선튀김이다. 무려 자연산! (정인선) 대 38,000원

종달리엔심야식당 · 제주 제주시 구좌읍 종달로7길 15
☎ 010-4470-5768 · 18:00~23:00 · 수요일 휴무
Jongdalrien Late Night Diner · 18:00~23:00 · Closed on Wednesdays

6 FAVORITE

제주메밀 비비작작면
Jeju Buckwheat Bibijakjakmyeon

어린아이가 아무렇게나 낙서를 한 것처럼 그려진 형태를 의미하는 '비비작작'을 잘 표현했다. (이용석) 14,000원

한라산아래첫마을 · 제주 서귀포시 안덕면 산록남로 675
☎ 064-792-8259 · 10:30~18:30 (15:00~16:00 휴식 시간) · 월요일 휴무
www.hallasan1950m.kr/
The first village under Hallasan Mountain
10:30~18:30 (break between 15:00~16:00) · Closed on Mondays

7 FAVORITE

# 오메기떡
Omegiddeok(Omegi rice cake)

공복이 당신을 힘들게 한다면 오메기떡 한 입이 그 고통에서 구해줄 것이다. 팥, 흑임자, 견과류, 콩가루 등 4종류 모두 맛있다. (박유빈) 각 1,000원

오복떡집 · 제주 제주시 동문로2길 10 제주동문시장 안
☎ 064-753-4641 · 8:00~20:00 · 매주 수요일 휴무
Obok Rice Cake House · 8:00~20:00 · Closed on the 2nd, 4th, and 5th Wednesdays of the month

8 FAVORITE

아이스 텐저린 라테
Iced tangerine latte

오렌지를 넣은 카페라테. 시기에 따라서는 제주산 감귤이 들어간 따뜻한 라테도 나온다. 편집부 단골 카페. (이지나) 7,000원

커피템플 · 제주 제주시 영평길 269 · ☎ 070-8806-8051 · 9:00~18:00 · 연중무휴
Coffee Temple · 9:00~18:00 · Open all year

9 FAVORITE

탕수육
Tangsuyuk

제주산 돼지고기로 만든 탕수육. 보기에는 평범하지만, 마지막 한 조각까지 바삭바삭한 그 맛을 알게 되면 헤어날 수 없다! (정인선) 소 18,000원 / 대 25,000원

덕성원 본점 · 제주 서귀포시 태평로401번길 4 · ☎ 064-762-2402
11:00~21:00 (라스트 오더 20:20) · 둘째 주 화요일 휴무, 구정 및 추석 휴무
www.덕성원.com
Deogseong-Won Main Restaurant · 11:00~21:00 (L.O. 20:20)
Closed on the second Tuesday of the month, Korean New Year and Chuseok holidays

10 FAVORITE

팥빙수
Shaved ice with red beans

한국산 팥을 놋그릇에 담아내는 한국식 팥빙수. 기본 팥빙수도 맛있고 청귤이 들어간 팥빙수도 일품이다! (이지나) 9,000원

파시랑 · 제주 서귀포시 태평로 415
☎ 064-733-8125 · 11:00~20:00 · 수요일 휴무
Pasirang · 11:00~20:00 · Closed on Wednesdays

11 FAVORITE

갈치튀김
Beltfish tempura

접시에 가득 담겨 나온 갈치는 테이블에 놓이자마자 순식간에 자취를 감추어 감동과 미련만이 남았다. (신도 히데토) 22,000원

백록집 · 제주 제주시 조천읍 함덕로 24 · ☎ 010-2861-6007 · 17:00~23:00 · 화요일 휴무
Baeglogjib · 17:00~23:00 · Closed on Tuesday

제주의 민예

해녀

다카키 다카오(공예 후고 대표)

Mingei (Arts and Crafts) of JEJU

Haenyo

By Takao Takaki (Foucault)

다카키 다카오 공예 후고 대표다. 고치현에서 태어나 후쿠오카에서 자랐다. 교토대학교 경제학부를 졸업했으며 규슈대학교대학원 예술공학부 박사과정에서 단위 취득 후 중퇴했다. 2004년 공예 후고를 설립했다. 야나기 무네요시와 민예 운동을 중심으로 한 일본 근대 공예사를 전문으로 한다. 일본민예협회 상임이사, 잡지 《민예民藝》 편집장을 맡고 있다. 지은 책으로는 『알기 쉬운 민예わかりやすい民藝』가 있으며 공저로는 『공예비평工芸批評』 등이 있다.

Takao Takaki   Owner of "Foucault". Born in Kochi and raised in Fukuoka. Graduated from Faculty of Economics, Kyoto University. Established "Foucault" in 2004. Conducted research on history of modern technical art with Muneyoshi Yanagi and folk art movement as the subjects. Completed the PhD program in Graduate School of Design, Kyushu University. Secretariat of Fukuoka Mingei Kyokai. The permanent director of Japan Mingei Kyokai. Editorial board member of Shinchosha "Seika no Kai".

먼저 들어가기에 앞서 한국 그리고 한반도 전체와 관련해 '민예民藝'라는 말을 사용하는 데 있어 몇 가지 이야기해 두고 싶은 점이 있다.

민예라는 단어가 야나기 무네요시柳宗悦 등에 의해 만들어진 해는 1925년이다. 그 이전에 야나기 무네요시는 한국을 처음 방문한 1916년부터 1940년까지 한반도 각지를 총 21회 여행했다. 그렇지만 이번 호에서 다루고 있는 제주는 방문하지 않았다. 이는 물론 제주에 야나기 무네요시가 직접 눈으로 보고 판별할 물건이 없었기 때문이 아니었다.

(한반도에서) 이들 민간인이 조각한 불상을 보면 모든 표현에 일말의 주저함이 없고 칼을 쥔 손은 언제나 자유로우며 솔직하다. 지혜나 감동을 거치지 않는 작업이기 때문에 거기에서 바로 사람들의 신앙을 접할 수 있다. 여기에서는 어떠한 신비로움조차 감돈다. 이는 그 배후에 생생한 신앙의 모습이 있기 때문으로, 불상을 본다기보다는 오히려 신심이 있는 생활 그 자체를 본다는 느낌이 든다.*1

야나기 무네요시는 한반도의 석불에 대해 이와 같이 말했다. 그러니 만약 방문할 수 있었다면 지금 '돌하르방'이라고 불리는 석상을 보자마자 기뻐하며 바로 기록했을 게 분명하다. 그런데 그런 마음이 있었어도 야나기라는 한 개인은 당시에 한반도가 놓여 있던 상황, 즉 1910년에 대일본제국이라는 나라가 대한제국을 합병해 속국으로 삼은 정치적 상황에서 자유롭지 못했다. 다시 말해 '지배하는 쪽'의 국민이었다는 사실은 바꿀 수 없었다.

단지 야나기가 '민예'라는 말을 만든 배경에 관해 이야기할 때 절대로 빼놓을 수 없는 점이 있다. 바로 1916년 한반도 방문 당시 조선 민예 연구가 아사카와 다쿠미浅川巧라는 인물을 서울에서 만나 그를 통해 한반도의 사람들과 우정을 키웠다는 사실이다. 이 이야기에 대해서는 언젠가 나오기를 기대하는 《서울호》에 쓸 수 있기를 소망한다. 그러나 《제주호》에서도 일단 간단하게 적어 보겠다. 야나기는 자신의 활동 그리고 '민예'라는 말을 통해 민족과 태생이 바탕인 지배 구조와 차별을 '벗'과 함께 극복하기 위해 노력했다. 야나기가 한반도에서 만난 물건들 그리고 한반도에 살고 있는 사람들에 대해 이야기하는 문장은 모두 이를 위한 말들이었다. 사상가 쓰루미 슌스케鶴見俊輔가 기록했듯이 '조선의 민예를 대할 때는 다른 민족의 민예를 대할 때와 마찬가지로 야나기는 온힘을 다해 마주했다.'*2고 한다.

Before I begin, there are a few things I would like to first talk about before using "*mingei*" (folk craft) again for Korea and the entire Korean peninsula. Before "*mingei*" was coined by Yanagi Muneyoshi and others in 1925, Yanagi Muneyoshi traveled all over the Korean Peninsula 21 times in all, between his first visit in 1916 and 1940. Yet he never got to visit Jeju – the subject of this article. Of course, that didn't mean there wasn't anything praiseworthy in Jeju from Yanagi's eyes.

A look at these Buddhist carvings with unfaltering expressions in the Korean peninsular reveals an unrestricted and forthright flair from the chiseled etchings. Because these statues are not carved out of wisdom or sentimentality, it directly touches people's faith and stirs up something mysterious in us. The vibrant faith behind it makes me think that what I see is not the Buddha's body, but rather their devoted lives. [1] I think if Yanagi could visit Jeju and saw the stone Buddhas (now "*dol hareubangs*") he'd have been delighted to see the stone statues (now "*dol hareubangs*") and definitely write about them.

우리에게
바다가 뭐냐고?,
뭐긴 부엌이지
해녀이야기 '춘옥'

해녀의 부엌

그렇기 때문에 아직도 야나기 무네요시라는 인물이 한 일이나 민예라는 시도와 관련해 그가 자주 입에 담았던 '비애의 미'와 같은 감성적인 말들만 주로 다루어지면서 '지배자의 관점'이라고 단정하는 것은 역시 서로에게 불행이라고밖에 할 수 없다. 그런 의미에서 우리 사이에는 '야나기 무네요시와 민예가 시도한 것의 의미'에 관해 아직 다 하지 못한 말이 많다.

여기까지 이야기한 내용을 바탕으로 지금 시점에서 민예라는 말을 재검토하고 제주의 민예를 논한다면, 나는 '해녀'에 관해 이야기할 수밖에 없다고 생각한다. 물론 단순히 유네스코가 제주의 해녀를 인류무형문화유산으로 등록했기 때문에 훌륭하다거나 민예라고 하는 것은 아니다. 해녀라는 직업은 제주도뿐 아니라 부산과 같은 지역에서도 볼 수 있다. 또한 일본에서는 제주도 건너편 나가사키현長崎縣의 이키壱岐나 미에현三重県의 시마志摩 그리고 '호쿠겐의 해녀北限の海女'라는 애칭으로 불리며 드라마 《아마짱あまちゃん》으로도 알려진 유명한 이와테현岩手県의 구지久慈에 이르기까지 해녀는 바다가 있는 곳이라면 어디에나 존재한다. 더불어 중국 삼국지에서 일본인에 관해 쓴 내용이 담긴 《위지왜인전魏志倭人伝》에도 나와 있듯이, 예로부터 바다 근처에 사는 사람들은 이 일을 생업으로 해왔다. 제주도의 해녀들이 애통해하고 투쟁하며 지내온 과거에 대해서는 제주도 출신의 시인 허영선이 쓴 책 『해녀들』[3]에 명확하게 적혀 있으므로 꼭 읽어보기를 바란다.

그곳이 어떤 바다든 해녀들은 바다에 들어갈 때마다 무사와 풍요로운 수확, 가족의 안정된 생활을 기원하며 물질을 한다. 그리고 무사히 수확물을 채취해 깊은 바다에서 올라오면 폐 안쪽에서부터 숨비소리를 낸다. 해협을 넘어, 시대를 넘어 지속된 기원의 일, 그것이 해녀다. 바다가 주는 산물을 포획해 생활의 식량으로 바꾸는 사람들에 대해 종교학자 나카자와 신이치中沢新一는 포경을 예로 들며 수렵이란 인간 저편에 있는 자연(피시스physis)의 세계에 들어가 일체가 되어 부를 물질화해 끌어내는 기술이라고 이야기했다. 야나기도 완벽하게 똑같은 내용을 다음과 같이 남겼다.

지상에 피는 고요한 연꽃을 정토의 꽃이라고 부른다. 땅에 피우도록 하늘에서 내려 보낸 그 꽃 한 송이를 지금 나는 공예라고 부른다. 미美가 이 세상과 깊숙하게 어울리는 것, 그것이야말로 공예의 모습이지 않겠는가?[4]

But even so, this doesn't mean that Yanagi was free from the political quagmire then; the Korean Empire was annexed by the Empire of Japan in 1910 and became a vassal state. In other words, Koreans became citizens that were controlled by a "ruling" nation, a hard fact that cannot be changed. But we cannot talk about how Yanagi came to coin *mingei* without mentioning his encounter with Takumi Asakawa in 1916, through whom he friended more Koreans. In short, Yanagi and his Korean friends tried to overcome the governance structure and discrimination through their activities and *mingei*.

Everything Yanagi wrote about the various articles and people he encountered on the Korean peninsula was for that sole purpose. As the philosopher Shunsuke Tsurumi wrote, "Yanagi approached Korean mingei with his all, just as he did with that of other ethnic groups." [2] This is why Yanagi's work and attempts at *mingei* are still seen through the "lens of the ruling party" only in sentimental terms such as his oft-used "beauty of sorrow;" an unfortunate thing for both sides. In that sense, I believe that the significance of what Yanagi and *mingei* attempted has not yet been fully examined.

정토에서 이 세상, 즉 자연계에서 인간 세계에 가져온 그 기술과 성과물의 '꽃'이야말로 '공예'라고 말한다. 동시에 서두에서 인용했듯이 야나기에게는 '신심이 있는 생활'을 나날이 꾸려가는 사람들이야말로 '민중'이었다. 즉 야나기가 사용한 민예라는 말은 '민족 예술'도 '민족 공예'도 아닌, '민중적 공예' 다시 말해 사람들의 생활이 만들어내는 기원과 그 기원이 가져다주는 리듬과 모습을 칭한다. 이것만큼 해녀라는 일에 걸맞은 말이 있을까?

　그렇다면 야나기가 처음 한반도를 방문했을 때부터 100년 이상 지난 지금, 해협과 국경을 넘어 우리는 무엇을 공유하고 어떤 차이를 서로 즐길 수 있을까? 새롭게 태어난 'D&DEPARTMENT 제주점'의 움직임이 해녀의 일처럼 깊고 오랫동안 롱 라이프로 이어지기를 바란다.

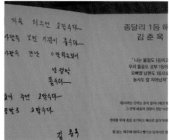

*1　「조선의 석공朝鮮の石工」, 『야나기 무네요시 전집柳宗悦全集』 제6권, 556쪽, 지쿠마쇼보筑摩書房
*2　「잃어버린 계기失われた転機」, 『야나기 무네요시 전집』 제6권 해설, 693쪽, 지쿠마쇼보
*3　https://www.shinsensha.com/books/3307/
*4　「공예의 미工藝の美」 서두
　　　https://www.aozora.gr.jp/cards/001520/!les/54957_54058

Now, if I have to talk about Jeju's *mingei* based on what I've written so far, it'd have to be *haenyo* (female sea divers). And it's not just because UNESCO has listed Jeju's haenyos as an Intangible Cultural Heritage of Humanity. The *haenyos* are not limited to Jeju Island, but also Busan in Korea, and various parts in Japan. Each dive they take is accompanied by prayers for safety, big catch, and well-being of their families. As they safely emerge from the deep sea with their catch, they let out a whistle-like sound. Their work is one of unceasing prayer across the straits and through the ages.

Of this, Yanagi wrote that "craftsmanship is a deeply beautiful form of art intertwined with the world." [4] Over a century has passed since Yanagi's first visit to the Korean peninsula. I hope that this new "D&DEPARTMENT – Jeju" issue will continue to be as deep, long-lasting, and long-lived as the work of *haenyos*.

곽명주　자연과 닮은 색을 사용해 일상에서 만나는 장면과 마음을 기록하는 일러스트레이터다. 특히 눈을 감고도 보이는 것, 사라지지 않는 것, 아무것도 아니어서 특별한 것을 표현하기를 좋아한다. 책 표지나 삽화, 포스터, 패키지, 앨범 커버 등 다양한 분야의 사람들과 협업하여 일러스트를 그린다. 2016년부터는 1년 동안 그린 작품을 모아 24 POSTCARDS라는 엽서 책으로 제작해 판매하고 있으며 지금까지 총 7권을 냈다. 현재 제주에서 생활하며 목수인 남편과 함께 공간 '일월목주'를 운영한다.

MYEONGJU KWAK　An illustrator who uses nature-inspired colors to chronicle the scenes and thoughts she encounters in her everyday life. She has a penchant to depict things that can be seen even when you close your eyes, things that don't disappear, and the special things in everyday life. She has worked in various areas such as book covers, illustrations, posters, packaging, and album covers. Since 2016, her works produced over the year have been collected and compiled into one postcard collection (24 postcards) to be published every year, with seven collections to date. She currently lives in Jeju and runs "ilwolmokju" with her husband, a carpenter.

신도 히데토

제주도의 롱 라이프 디자인을 찾아서

애기구덕

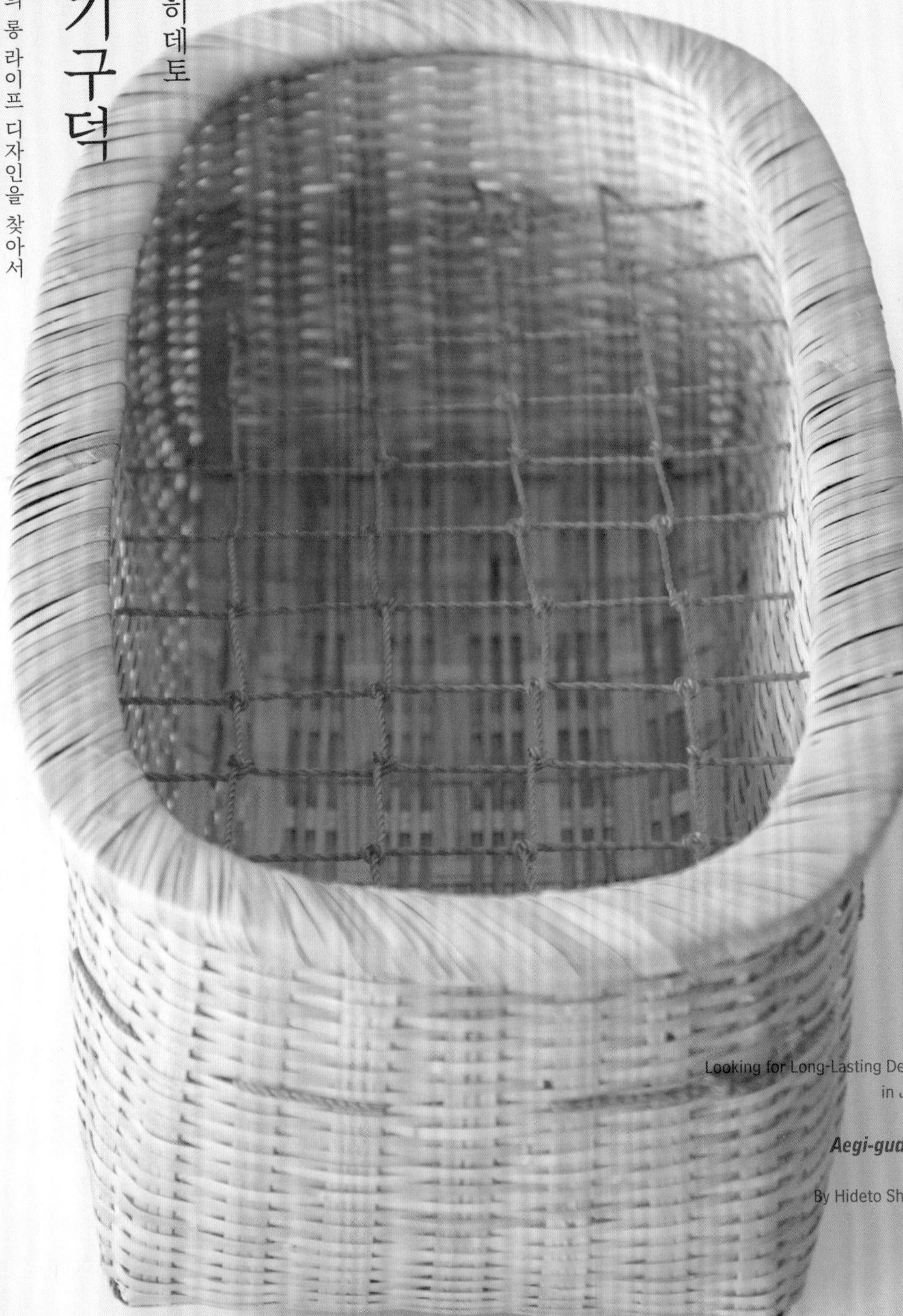

Looking for Long-Lasting Design
in JEJU

Aegi-gudeok

By Hideto Shindo

애기구덕
(길이 약 100 × 폭 약 40 × 높이 약 50cm)
※제품별 상이

☎064-753-9904
(D&DEPARTMENT JEJU by ARARIO)
Aegi-gudeok
(L100cm x W40cm x H50cm)
approximate dimensions
*Dimensions vary for different products

과거에 제주 여성들은 아기를 낳아도 제대로 몸조리할 틈도 없이 바로 일에 복귀해야 했다. 그때 유용하게 사용한 것이 '애기구덕'이다. 애기는 '아기'를 뜻하며, 구덕은 제주말로 '바구니'를 의미한다. 이 바구니는 집 밖에서도 아기를 재우면서 일할 수 있기 때문에 제주만의 생활환경에 맞는 실용적인 아기 침대다. 일할 때 발로 흔들어 주고, 어딘가로 이동할 때는 아기를 눕힌 채 등에 짊어진다. 해녀로 일하는 어머니도 울퉁불퉁한 돌 위에 안심하고 놓아둘 수 있다. 애기구덕은 제주의 장인이 대나무를 잘라 하나하나 만든다. 격자 모양으로 짠 끈 위에 밀짚을 깔면 아주 폭신폭신하고 혹시 아기가 용변을 보더라도 뒤처리가 용이하다. 테두리는 폭이 두꺼워 튼튼하고 손잡이로 들기에도 편하다. 보통은 아이가 3살이 될 때까지 사용하는 듯하며, 그 이후에는 친척에게 물려주거나 어깨끈을 잘라 속옷이나 수건을 수납하는 등 이리저리 쓰임새를 궁리해 오랫동안 사용한다. 참고로 구덕은 형태와 크기에 따라 종류가 다양하다. 물이 담긴 항아리를 운반하는 구덕은 '물구덕'이라고 하며, 뚜껑이 달린 작은 모양의 구덕은 '차롱(도시락통)'이라고 부른다. 자연이 풍요로운 토지가 만들어낸 섬이기 때문에 나올 수 있는 롱 라이프 디자인이다.

In the olden days, women in Jeju had to return to work immediately after giving birth, and what they used back then was "*aegi-gudeok*." Aegi is "baby" in Jeju dialect, while *gudeok* refers to a "basket." *Aegi-gudeok* served as a practical crib suitable for Jeju's unique living environment, allowing the baby to sleep in it while the new mothers worked outside their houses. Handcrafted one by one, the Jeju craftsmen make the aegi-gudeoks by splitting bamboo. The inside is lined with straw on top of strings that are woven in a lattice pattern, providing cushioning as well as good ventilation, and even if the baby peed, it would be absorbed by the straw underneath. On the average, the *aegi-gudeoks* seemed to be used until the child was about three years old. But even if the child had outgrown it, the *gudeoks* could be passed on to relatives, or used to store underwear and towels. Unique to Jeju Island, this is long-life design that is the result of its rich natural environment.

그 지역의 디자인

제주의 문양

그러한 제주도의 디자인을 찾아 보았다. 디자인을 한다면 무엇을 힌트로 삼겠는가? 다양한 「문양」. 만약 여러분이 제주도에서 목공、회화、글자、예능、축제、식、생물、자연 등 있다. 그것은 종이、천、도자기、유리、금속、「그 지역만의 디자인」을 곳곳에서 발견할 수 국내외 각 지역을 여행하다 보면 그곳에만 있는

Designs of the land

JEJU patterns

As you travel around regions of the world, you will come across designs unique to the land that can only be found there. Patterns like paper, cloth, pottery, glass, metals, woodwork, paintings, calligraphy, performing arts, festivals, food, animals and nature. If you are a designer in Jeju, where can you get hints? We searched for Jeju designs that can serve as hints.

제주 4·3 사건

신도 히데토

오래 기억해야 할 제주의 역사

휴 58세 남 1949.06. 일자미상행방불명
표 24세 남 1948.07.21행방불명
옥 35세 남 1949.01...
표 23세 남 1949.01...
진 24세 남 1948.07.23행방불명
의자1 9세 여 1949.01...
의자2 7세 여 1949.01.16...
옥 20세 남 1949.02.22...
도 21세 남 1948.05.06사망
순 51세 남 1979.09.18사망
연 19세 남 1948.11.05사망
주 28세 남 1948.10.28사망
일 17세 남 1948.12.12사망
주 31세 남 1950.06이후행방불명
송 23세 남 1948.12.29사망
팽 23세 남 1949.01.16사망
생 42세 남 1948.03.29사망
언 26세 남 1948.04.10사망
의자 1세 남 1948.04.10사망
월 63세 여 1949.01.22사망
열 21세 여 1948.05.05사망
천 56세 남 1948.11.17사망
은 23세 남 1949.01.28사망
춘 39세 1942...
휴 24세 1950...

박운택 23세 남 1948.12.20사망
박태경 33세 남 1950.06.25행방불명
박태순 27세 남 1950.06이후행방불명
박태원 24세 남 1949.12.20사망
박태중 29세 남 1948.11.일자미상행방불명
변경옥 29세 남 1948.12.18사망
변경옥의자 5세 남 1948.12.18사망
변경옥의자 2세 남 1948.12.18사망
손경현 17세 남 1950.06이후행방불명
손경현 21세 남 1948.10.15사망
손병현 31세 남 1948.12.17사망
손옥월 16세 여 1949.월일미상행방불명
손창만 30세 남 1949.01.13행방불명
손창보 28세 남 1948.04.10사망
안태룡 35세 남 1949.02.27사망
안태석 23세 남 1950.06이후행방불명
양경하 19세 남 1948.11.13사망
양남수 62세 남 1948.06.12사망
양달성 46세 남 1948.05.06사망
양만종 25세 남 1948.12.10사망
양정웅 21세 남 1948.06.12사망
양창보 41세 남 1950.07.일자미상행방불명
양창수 32세 남 1948.09.일자미상행방불명
양충렬 25세 여 1948.12.08사망
조경호 55세 남 1948.12.17사망

조남수 32세 남 1948.10.17사망
조남준 19세 남 1948.12.17사망
조희생 59세 여 1949.03.일자미상행방불명
진병천 15세 남 1948.11.일자미상행방불명
진성보 24세 남 1950.06이후행방불명
진창원 23세 남 1948.11.26사망
현계출 27세 여 1949.01.16사망

하가리

강기환 26세 남 1948.10.13사망
고두철 25세 남 1948.10.13사망
고수화 17세 여 1948.10.12사망
고원룡 29세 남 1948.10.14사망
고윤하 33세 남 1948.11.17사망
고태식 37세 남 1948.11.13사망
김길현 32세 남 1949.01.28사망
김두천 71세 남 1948.10.13사망
김은보 30세 남 1948.11.17사망
김중연 24세 남 1950.06이후행방불명
문기숙 25세 남 1948.05.17사망
박군화 26세 여 1948.10.13사망
박청랑 57세 여 1948.10.13사망
박희경 16세 남 1949.01.24사망
송두진 38세 남 1949.03.23사망
양공명 45세

The history of Jeju Province that should be passed down

Jeju 4.3 Incicdent

By Hideto Shindo

지금은 그야말로 전 세계에서 관광객이 방문하는 제주도이지만, 실은 슬픈 역사를 지녔다. 이는 《제주호》를 만드는 데 있어 절대 놓치면 안 되는 일로, 나는 거기에서 '관광觀光'이란 절대로 '광光'만을 보는觀 일이 아니라고 새삼 배웠다.

이미 알고 있겠지만, 1910년 대한제국의 국권 피탈 이후로부터 1945년 제2차 세계대전에서 일본이 패전하기까지 35년 동안 한반도는 일제의 식민지였다. 제주도도 일본의 군사적인 요충지로 이용되었다. 섬 주민은 일본인에 의해 강제 노동을 하고 재산을 몰수당하기도 했다. 일본에서 해방된 뒤에도 한반도의 북쪽은 현재의 러시아인 소련이, 남쪽은 미국이 들어와 관할하며 분할 점령하에 놓았다.

1947년 3월 1일. 비극은 이날부터 시작되었다. 3·1절 독립운동 기념집회 후, 주민은 데모를 일으켰다. 이는 그저 항의하는 것으로 끝날 일이었는데 사태가 급변해 군정 경찰에 의한 발포 사건이 벌어져 도민 6명이 사망했다. 이 일을 계기로 관민 합동 총파업이 시작되었고, 주민의 70퍼센트 이상이 좌익이라고 여겨져 제주는 '빨갱이(공산주의자) 섬'이라는 낙인까지 찍혔다. 제주의 경찰은 해체 및 개편되었고, 육지에서 우익 단체가 파견되어 '빨갱이 잡이'를 명목으로 이른바 공적인 테러가 반복되었다. 제주는, 지옥으로 바뀌었다.

1948년 4월 3일 드디어 제주의 무장대가 반격을 개시했다. 사태가 악화 일로를 걷던 중, 5월 10일 미국과 소련의 대립을 배경으로 한반도의 남쪽에서 단독 선거가 열리게 된다. 이러한 상황에서 진행되는 선거는 한반도의 분단을 사실상 인정하는 셈이기도 해, 독립운동가나 분단에 반대하는 사람들이 반대 운동을 일으켰다고 한다. 선거에 참여하지 않기 위해 한라산에 오른 사람도 적지 않았다.

같은 해 8월, 대한민국 정부가 수립된다. 정부는 중산간 지역의 통행을 금지하고 섬에 계엄령을 내려 강경 진압을 벌인다. 중간산에 있는 마을에 불을 지른 '초토화 작전'은 학살이라는 말로밖에 표현할 수 없을 정도로 잔혹했다고 한다. 이른바 사상이나 이념과는 관계없이 아이든 어른이든 눈에 보이는 사람은 모두 희생되었다.

1954년 무렵까지 제주 4·3 사건의 극악무도함은 이어졌는데, 그 이후에도 도민들은 힘든 나날을 보냈다. 군경 토벌대에 희생된 사람들을 빨갱이나 폭도로 간주했다는 점, 군경이 아닌 무장대의 손에 희생된 사람도 적지 않았다는 점, 무고하게 연루되어 희생된 사람도 있었다는 점 등 다양한 사정이 복잡하게 뒤엉켰기 때문에 유족들은 이 사실에 대해 오랫동안 침묵을 강요당했다.

For 35 years, the Korean Peninsula was a colony of Japan since its annexation by Japan in 1910 till Japan's defeat in World War II in 1945. Even after it was liberated from Japan, the Korean peninsula remained under divided occupation by the Soviet Union (now Russia) in the north and by the U.S. in the south.

It all started on March 1, 1948. After a rally to commemorate the March 1st Independence Movement, the residents staged demonstrations. The situation took a sudden turn and the military police opened fire, killing six civilians. This led to the start of a joint public-private general strike, and Jeju was even branded as a "Red Island" as over 70% of the residents had left-wing leanings. Jeju's police force was dismantled and restructured, right-wing groups were sent in from the mainland, and public terrorism continued under the pretext of the "Red (communists) Hunt."

As the situation escalated, a single election was to be held in the south of the peninsula on May 10 against the backdrop of conflict between the U.S. and the Soviet Union. Under these circumstances, the election was also a

영화 《수프와 이데올로기》에서. 제주 4·3사건의 모습을 그린 애니메이션   ©PLACE TO BE, Yang Yonghi

1980년대에 접어들면서 사건의 진상을 파헤치려는 시도가 꾸준히 있었다. 민주화가 서서히 진행되면서 오랫동안 금기시되었던 제주 4·3 사건에 대한 논의가 고조된 것이다. 진상규명을 바라는 시대의 흐름을 타고 2000년 4·3 특별법이 제정된다. 그 후 2003년 정부의 공식 보고서 확정에 따라 드디어 제주 4·3 사건의 진실이 명백하게 드러난다. 여기까지 오는 데 이렇게 긴 시간이 걸릴 줄은 그 누구도 알지 못했다.

나는 2008년 완공된 '제주 4·3 평화공원'에서 이 사건을 처음 알았을 때부터 이 책에서 남길 내용이 진정 무엇인지 줄곧 생각했다. 그 지역이 지닌 중요한 메시지는 절대로 밝은 것만 있지 않기 때문이다. 그러는 한편, 지금 이렇게 제주의 디자인이 활성화되고, 전 세계에서 아름다운 자연뿐 아니라 제주의 생활 그 자체를 경험하기 위해 방문하는 사람들이 끊이지 않는다는 사실에 어딘지 다행이라는 마음도 들었다. 지울 수 없는 과거에서 시선을 돌리지 않고, 앞으로 살아갈 사람들을 위해 우리는 진정한 '제주다움'을 진지하게 제시할 필요가 있을 것이다. 그것이 조금이라도 제주의 사람들에게 위로와 도움이 되고 미래의 생활에 근원이 될 수 있기를 바란다.

testament to the division of the peninsula, which led to a boycott by independence activists and those opposed to the division.

In the August of that year, the Republic of Korea was established. The government forbade passage through the mid-mountain areas and also established martial law on the island to forcibly quell the rebellion.

The atrocities of the 4.3 Incident continued until about 1954, but the islanders' hardships did not stop even after that. The families of the bereaved were also said to be forced to remain silent on the matter in light of the various complications including possible implications.

Although there were some attempts to uncover the truth about the incident in the 1980s, it really only took off in 2000 with the enactment of the Jeju 4.3 Special Law, as the country became more democratic and debate about the Jeju 4.3 Incident increased. At long last, the facts of the Jeju 4.3 Incident were revealed with the Investigation Report commissioned by the government later in 2003. No one thought that it would take that long.

STAMP
스탬프

스탬프를 찍은 후 꼭 문을 닫아주세요
Please close the door after stamping

JEJU OLLE

이지나
제주다운 「길」

제주올레트레일

이지나

The Paths of JEJU

Jeju Olle Trail

By Jina Lee

이지나 서울 출신. 라디오 방송작가, 프리랜서 에디터를 거쳐 여행 작가로서 『엄마 딸 여행』, 『서울 재발견』 등의 책을 썼다. 2021년부터 책방 '콜링 북스Calling Books'를 운영하며 책과 관련된 다양한 활동을 전개한다. 책과 사람, 사람과 책을 잇는 사람이다. d design travel의 첫 해외 특집 〈제주호〉에서 편집부 서포터로 취재에 참여했으며 편집장 신도 히데토와 함께 제작을 맡았다.
Jina Lee Born in Seoul, South Korea. After working as a radio broadcast writer and freelance editor, she published books such as "Mother and Daughter's Journey" and "Rediscovering Seoul" as a travel writer. She also runs "Calling Books" – a bookstore in Seoul since 2021. She's engaged in various book-related activities, serving as a bridge to connect books and people. She also helped to conduct interviews for the editorial department in Jeju," the first overseas special feature of "d design travel," and worked on the production with the editor-in-chief, Shindo Hideto.

제주도를 걸어서 여행하는 길인 '제주올레트레일'은 언론인 출신 서명숙 씨(현 제주올레트레일 이사장)가 스페인 산티아고 순례길을 걷고 난 뒤 몸과 마음이 치유된 일을 계기로, '이런 길이 나의 고향 제주도에도 있었으면 좋겠다.'라는 생각과 바람에서 시작되었다.

'올레(올레길)'는 제주말로 '좁은 골목'이라는 뜻으로, 보통 큰길에서 집 대문까지 이어지는 좁은 길을 말한다. 제주 사람들이 사는 곳에는 어디든 올레가 있으니 주민에게는 친숙한 단어다. 제주올레 제1코스는 '시흥-광치기 올레길'로 2007년 개장했다. 유네스코 세계자연유산인 성산일출봉 근처로, 동쪽에 위치해 해가 가장 먼저 뜨는 곳이다.

2023년 현재 제주올레 길은 제주 전역에 걸쳐 총 27개 코스, 437킬로미터로, 해안선을 따라 섬을 한 바퀴 돌 수 있도록 조성되었다. 짧은 코스는 10킬로미터, 가장 긴 코스도 약 20킬로미터 정도 구간이다. 대부분 아침에 걷기 시작하면 해가 지기 전 다음 지역에 도착한다. 이 길 위에서는 해안선을 따라 자신의 두 발로 제주의 산, 바다, 오름, 마을 등을 거닐면서 섬의 다양한 풍광과 만날 수 있다. 가끔 미술관이나 시장 등 '관광'을 위해 잠시 다른 길로 빠져도 좋다.

개장 15주년이었던 2022년에는 제주올레를 한 코스라도 걸은 누적 여행자가 무려 1,000만 명을 넘어섰다. 그전까지 제주도는 그저 렌터카로 여행하는 2박 3일의 리조트 관광지였지만, 이제는 걷기를 목적으로 삼아 '자주 찾고, 꾸준히 찾아오는' 유일무이한 섬이 되었다. 제주올레가 제주를 여행하는 방식을 바꾼 것이다. 이러한 제주올레의 인기는 해외에서도 관심을 모았다. 2023년 현재 일본 미야기 지역(5개 코스)과 규슈 지역(18개 코스)에도 제주올레 길과 똑같은 시스템과 디자인을 도입한 길이 조성되어 있다. 그 지역 특유의 경치와 자연의 아름다움이 존재하는 데도 사람들의 발길이 드물어 잘 알려지지 않은 지역에 사람들이 찾아오도록 만드는 트레일 코스 조성이라는 방식. 이것이 그 지역을 재발견하는 계기가 될 수 있다는 것을 제주올레의 길 위에서 배웠다.

Trekking Around Jeju Island

The Jeju Olle Trail, a footpath for traveling around Jeju, was started by ex-journalist Myungsook Suh (current Chairperson of Jeju Olle Foundation). At the end of her pilgrimage in Santiago de Compostela, Spain, she found herself refreshed both in mind and body, and went on to establish the trail out of a desire to see such a path in Jeju, her hometown.

Opened in 2007 and located near Seongsan Ilchulbong (UNESCO World Natural Heritage Site), the first course starts off at the easternmost part of the island where the sun first peeks over the horizon, the "Siheung – Gwangchigi Olle." As of 2023, the 437 km-long Olle Trail has 27 courses in all, where visitors can circle the entire Jeju Island on foot along the coastline. The shortest course is under 10 km, and the longest is slightly over 20 km; if you set out on an *olle* in the morning, you can reach the next area before the sun goes down.

Tracing the coast, the Olle Trail affords visitors various sceneries of the island, from the mountains and seas of Jeju to the *oreums* and towns. By 2022, 15 years after the Olle Trail was opened, a whopping 10 million people have

le

437KM
'27ROUTES

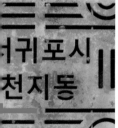

서귀포시
천지동

제주올레
JEJU OLLE TRAIL

거친 날씨에 대비하고 노약자를 위해
칼호텔이 개방한 구간.
사유지이므로 소음 및 쓰레기에
주의해주세요

This walkway is provided by KAL Hotel
for those hike the trail in rough weather.
Please be cautious of making noise
or trash disposal.

JEJU OLLE
PASSPORT

06

시작   20

JEJU OLLE
ROUTE 06

JEJU OLLE
ROUTE 06

완주 스탬프 : 섶섬
Route completion stamp : Seop-seom(island)

6코스 : 쇠소깍 ~ 제주올레 여행자센터 올레
쇠소깍에서 시작한 올레는 초중반 울창한 숲길에서 파도소리가 넘나들고,

107

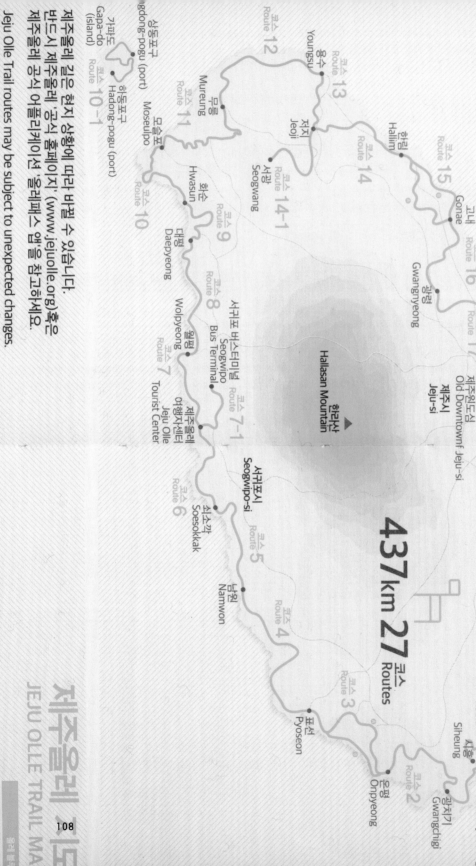

제주올레 길은 현지 상황에 따라 바뀔 수 있습니다.
반드시 제주올레 '공식 홈페이지' (www.jejuolle.org)혹은
제주올레 공식 어플리케이션 '올레패스 앱'을 참고하세요.

Jeju Olle Trail routes may be subject to unexpected changes.
We recommend visiting our website (www.jejuolle.org) or

추자면사무소
Chuja-myeon Village Office
코스 Route 18-1

추자도 (island)
Chuja-do (island)
코스 Route 18-2

신양항
Sinyang-hang
(harbor)

가파도 (island)
Gapa-do (island)
코스 Route 10-1

하동포구
Hadong-pogu (port)
코스 Route 10-1

상동포구
gdong-pogu (port)

모슬포
Moseulpo
코스 Route 11

무릉
Mureung
코스 Route 12

용수
Youngsu
코스 Route 13

저지
Jeoji
코스 Route 14

한림
Hallim
코스 Route 15

고내
Gonae

광령
Gwangnyeong

제주국제공항
Jeju Int'l Airport

제주원도심
Old Downtownf Jeju-si
제주시
Jeju-si

조천
Jocheon
코스 Route 18

김녕
Gimnyeong
코스 Route 19

Route 20

하우목동항
Haumokdong-hang (harbor)
코스 Route 21

우도
U-do

천진항
Cheonjin-hang

종달
Jongdal

하도
Hado
코스 Route 1

시흥
Siheung

광치기
Gwangchigi

성산
Seongsan

온평
Onpyeong
코스 Route 2

표선
Pyoseon
코스 Route 3

남원
Namwon
코스 Route 4

소소깍
Soesokkak
코스 Route 5

쇠소깍
코스 Route 6

제주올레 여행자센터
Jeju Olle Tourist Center

여행자센터

서귀포 버스터미널
Seogwipo Bus Terminal
코스 Route 7-1

코스 Route 7

월평
Wolpyeong
코스 Route 8

대평
Daepyeong
코스 Route 9

화순
Hwasun

서광
Seogwang
코스 Route 14-1

서귀포시
Seogwipo-si

한라산
Hallasan Mountain

437km 27 코스
Routes

JEJU OLLE TRAIL MA

제주올레 지도

N
W E
S

제주올레의 디자인

제주올레 어디에서든지 반드시 눈에 들어오는 파란색 조랑말 이정표는 제주말로 게으름뱅이를 뜻하는 간세다리의 줄임말, '간세'로 불린다. 이 간세는 (사)제주올레가 사회 환원의 하나로 디자인 재능을 사회에 기부하는 현대카드와 협업해 산업 디자이너 오준식 씨가 작업했다.

　제주를 대표하는 현무암으로 만들어진 시작 지점의 안내판에는 코스와 지도, 경로가 표시되어 있다. 길잡이가 되는 리본은 멀리에서도 눈에 띄는 파란색과 주황색이다. 파란색은 제주의 바다를, 주황색은 제주의 귤밭을 상징한다고 한다. 제주올레 길을 걸을 때 수많은 나뭇가지에 걸린 리본을 보며 바람이 잦은 제주라서 나올 수 있는 자연에 순응한 디자인이라고 느꼈다. 또 벽이나 나무 기둥에는 화살표가 부착되어 있는데 파란색은 정방향을, 주황색은 반대의 길을 안내한다. 제주올레 길을 걷는 도중 방향을 안내하는 안내자가 없어도 '이쪽으로 가세요.'라고 말없이 친절하게 알려주는 표식이 곳곳에 마련되어 있어 마음이 놓였다.

　제주올레에는 걸으며 여행하는 사람들을 위한 작은 재미가 곳곳에 숨어 있다. 그중 하나가 코스별로 설치된 스탬프다. 예를 들어 동백꽃이 자생하는 제5코스 지역에는 '동백꽃'이, 제주 구도심에서 시작해 제주 4·3 사건의 역사를 지닌 길을 걷는 제18코스에는 '곤을동 4·3 마을' 도장이 준비되어 있다. 스탬프 그림 하나만 보아도 제주의 특징이 그대로 느껴진다. 제주올레 디자인 팀에서 만든 이러한 상징은 도장과 배지 등에도 활용되어 이 길을 걷는 사람들에게 즐거움을 더한다.

편집부, 제주올레 제6코스를 걷다

완벽한 자유 여행이자 도보 여행인 제주올레는 시작 전 최소한의 준비가 필요하다. 먼저 지도를 보고 어떤 길을 걸을지 결정해야 하고, 제주올레 홈페이지나 '제주올레 패스포트JEJU OLLE PASSPORT'를 활용해 길에 대한 정보와 특징을 숙지한 뒤 출발해야 한다.

　10년 전 '제주올레걷기축제'에 참가했을 당시에는 제12코스를 걸었는데, 이번에는 가장 짧지만 제주다운 풍경이 잘 담긴 제6코스(쇠소깍-제주올레 여행자센터)를 추천받아 걸어보기로 했다. 제주올레

walked at least one course of the Olle Trail. Once a 3D2N tourist resort spot that can be covered with a rental car, Jeju is now a unique island that is "visited often and regularly" for trail walking, changing the style of travel in Jeju.

Design of Jeju Olle

The blue pony signpost that you are sure to see on any *olle* is called "*Ganse*" (short for "gansedari " in Jeju dialect that refers to "a lazy person"). This *Ganse* was designed and donated by industrial designer Joon-shik Oh in collaboration with "Hyundai Card" as part of the Jeju Olle Foundation's corporate social responsibility program. Sign-stones made of native basalt at the starting points show the map and route of each course; blue and orange ribbons serving as signposts can be seen from afar.

There are also blue and orange arrows on walls and wooden posts; indicating clockwise and counter-clockwise directions respectively. Even without a guide, it's hard to get lost during one's travel with these signposts that are everywhere.

를 걷는 이들 중에서는 등산화를 신고 본격적으로 트레킹을 즐기는 사람도 있지만, 제6코스를 비롯해 난이도가 낮은 코스는 가벼운 옷차림으로도 가능하다(난이도 등 정보는 홈페이지와 안내 책자에서 확인할 수 있다).

제6코스의 시작점이자 국가지정문화재의 명승으로 유명한 쇠소깍에서 반가운 간세를 발견하고 동백꽃이 디자인된 스탬프를 찍은 다음 걷기 시작했다. 서귀포 해안가를 왼쪽에 두고 걷다 '제지기오름'을 오른 다음 '소천지'를 지나 서귀포 KAL 호텔을 통과한다. 호텔 정원에서는 서귀포 해양도립공원인 문섬과 섶섬의 풍경도 볼 수 있다. 걷다가 경치가 좋은 카페 허니문 하우스에도 들러 잠시 바람을 쐬면서 제주 애플망고 주스를 마셨다. 그저 자연만 걷는 것이 아니라 서귀포의 명소도 둘러볼 수 있는 이 길이 마음에 들었다. 서귀포 해안선을 바라보며 마신 제주의 과일 주스는 후텁지근한 날씨 덕분인지 더 맛있게 느껴졌다. 카페에서 조금 더 걸어가 '소정방폭포'와 건축가 김중업이 설계한 '소라의성'에 들렀다. 이곳에서 제주올레 패스포트에 적힌 지도를 보며 내가 가는 길 위의 장면이 어떤 곳의 어떤 풍경인지 알 수 있었다. 제주도민들이 수영하던 '자구리공원담수욕장'과 서귀포항 부근을 지나면서 피로가 몰려올 무렵, 드디어 완주지인 '제주올레 여행자센터'가 보였다.

제주올레를 아끼는 이들의 마음이 돌고 돌아 제주를 지킨다

제6코스의 종점이자 제7코스의 시작이며 모든 완주자가 완주증을 받으러 오는 제주올레 여행자센터는 옛 병원을 개조한 곳이다. 센터는 총 3층으로 구성되어 1층에는 제주 식재료로 만든 음식을 대접하는 식당과 완주자들의 사진 촬영 장소가, 2층에는 제주올레사무국이, 3층에는 숙소 '올레스테이'가 자리한다. 올레스테이는 총 14개의 객실이 준비되어 있는데 객실 문은 모두 다른 아티스트가 디자인해 그 또한 볼거리다.

숙소에는 비 오는 날에 걷는 사람들을 위한 신발 건조기는 물론 빨래망에 그날 입은 옷을 넣어 두면 세탁해 주는 기분 좋은 서비스도 있었다. 제주올레사무국에서는 잠을 잘 자야 잘 걸을 수 있다고 생각해 도미토리용 매트리스로 질 좋은 제품을 골랐다고 한다. 제주올레를 걷고 여행하는 데는 더할 나위 없이 좋은 숙소다.

Editorial Team Hiking on Course 6
The Jeju Olle Trail is an entirely free and easy trek that requires minimal preparation. Check the map first to decide the *olle* to hike, then use the Olle Trail's official website or Jeju Olle Passport to familiarize yourself with the information and characteristics of the *olle* before heading out.

While some are decked out in hiking boots to go on proper treks, casual wear would probably suffice for low difficulty courses like Course 6 (check the official website for level of difficulty and equipment required for different courses).

The Hearts of Those Who Love *Olle* Come Together to Preserve Jeju
Revamped from a former hospital, the Olle Tourist Information Center – the finishing point of Course 6 as well as the starting point of Course 7 – is where those who have completed all 27 courses receive their Certificates of Completion. The first floor of the three-story building has a cafeteria serving food made with Jeju ingredients and an area for taking photos of those completed the courses, while the second floor houses the Jeju Olle office. The third floor houses a total of 14

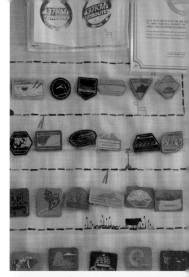

올레스테이에서 하룻밤 묵는 사이에도 센터에는 제주올레 완주자가 몇 명이나 찾아와 완주증을 발급받았다. 그때마다 센터 직원은 물론 1층 카페에 있던 사람들이 박수와 환호로 축하했다. 서로 모르는 사람들이지만, 완주를 함께 축하하는 기쁜 마음이 그곳에 존재했다. 센터에서는 완주자가 완주증을 발급받으면 축하의 종을 울리고 기념사진을 촬영해 준다(사진은 공식 웹사이트의 '명예의 전당'에 공유된다).

모두에게 저마다 다른 제주이지만, 그곳에서는 제주올레라는 이름으로 하나가 된다. 한 번에 모든 코스를 다 걷고 끝내는 것이 아니라, 섬에 몇 번이나 방문해 천천히 자신만의 속도로 걸어온 완주자들. 제주는 물론 제주올레와 긴 인연을 맺고 있는 이들이다.

더불어 완주증을 받은 이들 대부분이 정기 후원자로 등록하는 모습도 목격했다. 먼저 걸어 본 사람들이 다음에 같은 길을 걷게 될 사람들을 위해 자원봉사자와 후원자가 되는 길. 제주올레의 길이 지닌 진정한 아름다움은 바로 여기에 있다. 자연으로 가득한 제주라는 섬에서 진정 소중한 것은 무엇일까? 그것을 이 길이 우리에게 가르쳐 준다.

©Jeju Olle

guest rooms; the doors of each room were designed by different creators, which is another highlight.

These are *olles* where those who have walked before become volunteers and supporters for those going next. And therein lies the true beauty of the Jeju Olle Trail; it has taught us that the important things are in the natural beauty of the island of Jeju.

제주말 알기 쉬운

제주의 문화를 배우다

일본인에게도 알기 쉽게 소개한다. 「제주말」단어를 한국인에게도 이번 여행에서 편집부도 알게 된 외국어 같다고 하는 사람도 있을 정도다. 사는 한국인도 들은 적 없는 표현도 있어 보통의 한국어와 비슷하지만, 육지에 제주도에는 독특한 언어가 존재한다.

Learn about the culture of JEJU

With easy-to-understand Jeju dialect

Jeju Island has its own unique language. The following is an introductory-level list of easy-to-understand Jeju dialect that the editorial staff learned on the trip, for both Koreans as well as Japanese people.

하르방
ハルバン

할아버지라는 뜻. '돌하르방'은 제주의 상징인 석상이다. 현무암으로 만들어진 할아버지를 말하며 마을의 안전을 지키고 모든 액운을 물리친다고 한다. 할머니라는 뜻의 '할망'과 발음이 비슷하니 특히 일본인은 잘못 듣지 않도록 주의하자.

*Hareubang*_Grandfather. A *dol-hareubang* is a symbolic basalt stone statue of Jeju in the shape of an old man. It is said to protect the safety of the town and prevent all bad luck.

오름
オルム

언덕처럼 생긴 작고 둥근 산으로 제주 곳곳에서 볼 수 있는 기생 화산이다. 그 숫자는 무려 368곳. 제주에는 '오름에서 태어나 오름으로 돌아간다'는 속담도 있으며, 제주 도민이라면 좋아하는 오름 하나씩은 가지고 있다.

Oreum   A parasitic volcano that is a small, round mountain resembling a hill. There is a saying in Jeju, "ashes to *oreum*, dust to *oreum*." There are 368 mountains.

올레
オルレ

'길에서 집까지 이어진 좁은 골목길'이라는 뜻의 제주말이다. 걷는 길이나 트레킹 코스의 대명사로 쓰이게 되었고 '제주올레트레일'로 전국에 알려졌다.

Olle   It means "narrow alleyways leading from the street to the houses." It has now come to be used as a general term for a walking path or a trekking course. It has become known nationwide for the 'Jeju Olle Trail'.

ブルトク 불턱

제주도의 해녀가 옷을 갈아입거나 휴식할 때 사용하기 위해 둥글게 쌓은
돌담을 말한다. 해변에서 바람을 막고 노출을 차단하는 노천 탈의실이다.

Bulteok A circular stone enclosure used by female divers in Jeju to get dressed and
rest. It serves as an open-air changing area on the beach that blocks the winds and
prevents the divers from being seen by others.

곶자왈
ゴッジャワル

숲을 의미하는 '곶'과 덩굴을 의미하는
'자왈'이 합쳐진 말로 원시림을 말한다.
용암이 굳어서 생긴 현무암 사이에서
식물이 자라 형성되었다.

Gotjawal A primeval forest that means natural forest ("*got*") + bush
("*jawal*"). It is formed when plants grow and form between the basal-
tic rocks where the lava has hardened.

할망
ハルマン

할머니라는 뜻. 제주시
민속오일시장에서 열리는
'할망장'은 할머니의 시장.
들어본 적 없는 제주말이 여기
저기에서 들려오는 것도
제주만의 풍경이다.

Halmang Grandmother. In the Jeju City Traditional Five-Day Market is an
area called "*halmang-jang*" that offers a glimpse into the most Jeju-like scen-
ery, where elderly women communicate with each other in Jeju dialect.

삼춘
サムチュン

성별은 물론이고 실제 친척인지도 상관없이 자신
보다 나이 많은 어른을 칭할 때 사용한다. 보통의 한국
사람도 생각지 못한 방식으로 쓰는 말로, 이 표현이야말로
제주도의 정체성이 아닐까 생각도 든다. 혈연도 성별도 상관
없이 삼춘을 공경하고 나중에 자신도 공경받는 삼춘이 된다.

Samchoon An adult who is older than oneself, regardless of gen-
der or kinship. This usage is surprising even to ordinary Koreans, but
I feel that this word is also the identity of Jeju Island.

궨당
クェンダン

친족이라는 뜻. 제주에서는 가족이
아니어도 같은 마을에 함께 사는
안면 있는 사람을 이렇게 부른다.

Gwendang It is used to
mean "blood relatives," but
in Jeju, it is an overarching term refer-
ring to acquaintances who live together in the same town,
even if they are not family members.

ガンセダリ 간세다리

게으름뱅이라는 뜻. 제주에서 시작한 제주올레트레일의 상징물 이름도 여기에서
따왔다. 솔직히 나는 간세다리는 되고 싶지 않다.

Gansedari A lazy person. It is also the name of the symbol of "Jeju Olle," a walking trail that originated from Jeju.

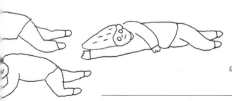

Illustration : Kifumi Tsujii

구덕 クドク

등에 짊어지는 대나무 짜임 바구니를 말한다. 아이를 재우거나 옮길 때 사용하는 것은 애기구덕이라고 부른다. 사용법이 다양해서 매력적이다. 자세한 내용은 이 책 98쪽을 참고하자.

Gudeok A woven bamboo basket that one carries on one's back. It also comes in the modern-day equivalent of a baby carrier called "aegi-gudeok" where one puts children to sleep, or carries them around in it.

차롱 チャロン

작은 구덕에 뚜껑이 딸린 대나무 바구니로, 주로 도시락통으로 사용되는 듯하다. 지금은 차롱을 만드는 장인이 줄고 있다고 한다. 도시락을 차롱에 담아 여행을 떠나보자.

Chalong A woven bamboo lunch box, resembling a small *gudeok* but one that comes with a lid, used mainly to contain lunches. Nowadays, there are fewer and fewer craftsmen who make this.

허벅 ホボク

보관과 운반을 위해 사용하던 용기를 말한다. 물이나 죽, 씨앗 등을 담았기 때문에 제주 생활에 반드시 필요한 물건이었다. 구덕과 옹기가 합친 것으로, 제주도 각지에서 허벅을 짊어진 여성의 동상을 볼 수 있다.

Heobeok An earthenware jar or jug for storage and transportation of things like water, porridge, and seeds – an essential part of Jeju life.

숨비소리 スムビソリ

해녀가 바다에 들어갔다가 올라올 때 하는 호흡법으로 휘파람 소리처럼 휘, 휘 하고 들린다. 실제로 해안선을 걷다 보면 바다 쪽에서 숨비소리가 들리는데, 제주만의 소리라고 할 수 있다.

Soombi-sori The breathing technique performed by the *haenyo* (female) divers when they emerge out of the seawaters. Some have also said that it sounds like a sea whistle, "Phewwht, phewwht."

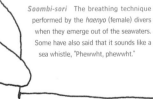

돔베
トンベ

정확하게는 도마를 뜻한다. 향토 요리 '돔베고기'는 접시에 담을 틈도 없이 도마 채 식탁에 내놓는 돼지고기 요리를 말한다. 마치 제주 어머니들의 '분주함'을 구현한 것처럼 와일드한 음식이다. 맛은 당연히 훌륭하다.

Dombe Chopping board. "*Dombegogi*" is a local pork dish that doesn't even have the time to make its way onto a plate, and is served straight up on a chopping board. This dish shows how busy Jeju mothers are.

우영팟
ウヨンパッ

집 주변에 있는 작은 텃밭을 칭한다. 최근에는 '나만의 우영팟 만들기' 등과 같은 표현으로 활용하며 자연으로 가득한 제주이기 때문에 탄생한 말이라고 하겠다.

Wooyoungpat A small vegetable garden around the house. It is now also being used as "one's own *wooyoungpat*." One of the words unique to Jeju, which is rich in nature.

조베기
チョベギ

밀이나 보리, 메밀 등 가루를 반죽한 다음 둥글려 숟가락이나 손으로 떼어서 끓는 국물에 넣어 만드는 음식이다. 식당에서도 볼 수 있으므로 알아두면 좋다. 일본 음식 '스이톤すいとん'과 비슷하다.

Chobaegi A dish made by rolling wheat, barley, buckwheat or other flour into a dough and tearing it into pieces with a spoon or by hand into boiling soup. The Japanese equivalent is called "*suiton*."

개역
ケヨク

곡물을 볶아 갈아 만든 가루로, 육지에서는 '미숫가루'라고도 부르는 한국의 전통 건강식품이다. 물이나 우유, 두유 등에 넣어 마시는데 의외로 맛있다. 카페 메뉴에 올라간 곳도 있고 개역 전문점도 있으므로 발견하면 꼭 시켜보자.

Gaeyeok "*Misugaru*" is a traditional Korean healthy drink that is made by dissolving powdered, roasted grains in water, milk or soy milk.

곤밥
ゴンバブ

흰 쌀밥을 말한다. 쌀로 밥을 지으면 다른 곡물에 비해 고운 흰색을 띠므로 다른 잡곡밥과 구별해 '고운 밥'이라는 의미로 이렇게 불렀다. 그런데 제주에는 곤밥 말고도 먹어야 할 음식이 정말 많다.

Gonbab Cooked rice. It literally means "fine rice" to distinguish it from multigrain rice, since cooked rice is a beautiful white compared to other grains.

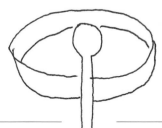

구태은(STILL NEGATIVE CLUB)

スープとイデオロギー

이데올로기 수프와

제주도를 무대로 한 영화

《수프와 이데올로기》
2021년 / 118분 / 도후東風
감독, 각본, 내레이션: 양영희
촬영 감독: 가토 다카노부加藤孝信
편집, 프로듀서: 백호JJ
음악 감독: 조영욱
애니메이션 원화: 고시다 미카こしだミカ
애니메이션 의상 디자인: 미마 사야코美馬佐安子
제작 총 프로듀서: 아라이 가오루荒井カオル

©PLACE TO BE, Yang Yonghi

Movies Set in JEJU

Soup and Ideology

By Taewoon Koo (STILL NEGATIVE CLUB)

Every year on April 3, sirens for locals to pay silent tribute ring out across the entire Jeju Island. Jeju, a beautiful resort island surrounded by bountiful nature, has a dark chapter in its history: the Jeju 4.3 Incident. To better understand the

people of Jeju, we cannot overlook this painful history.

Director Yonghi Yang is a second-generation *Zainichi* (Japan-residing) Korean who has been documenting the lives of her family. "*Soup and Ideology*" is a documentary about her mother, a survivor of the 4.3 Incident, who has decided to break silence for the first time about the massacre after 70 years. She talks about the brutal scene she witnessed with her own eyes when she was just 18.

The film also shows Director Yang attending the "Jeju 4.3 Incident Memorial Ceremony" with her husband and mother.

매년 4월 3일이 되면 제주 전역에는 묵념의 사이렌이 울린다. 천혜의 자연이 우거진 아름다운 휴양지인 제주도는 제주 4·3 사건이라는 아픈 역사를 지녔다. 제주 사람들을 온전히 이해하려면 이 쓰라린 역사를 외면해서는 안 된다.

자기 가족을 기록해온 재일교포 2세 양영희 감독의 다큐멘터리 영화《수프와 이데올로기》는 4·3 사건의 생존자인 그녀의 어머니가 주인공이다. 영화 속에서 어머니는 절대로 말하면 안 된다고 신신당부한 뒤 70년의 세월이 흘러서야 제주 4·3 사건에 관해 처음으로 이야기를 꺼낸다. 그리고 18세에 목격한 잔혹한 현장을 증언한다.

영화는 양영희 감독이 남편, 어머니와 함께 '제주 4·3 희생자 추념식'에 참석한 순간도 담고 있다. 추념식이 열린 제주 4·3 평화공원에는 희생자들의 명패가 벽면을 빼곡히 채우고 있다. 하지만 양영희 감독은 단순히 이런 사실을 파헤치려고 카메라를 든 것은 아니다. 이 다큐멘터리는 분명 가족 영화. 서로 다른 이데올로기를 지녔지만, 함께 삼계탕을 끓여 먹으며 어머니의 기억을 나누려고 노력하는 양영희 감독. 영화를 보다 보면 그러한 마음을 깊게 이해할 수 있다. 가족 3부작 다큐멘터리에 다 담지 못한 이야기는 양영희 감독의 산문집『카메라를 끄고 씁니다』에서 읽을 수 있다.

제주도를 무대로 한 주요 영화
《지슬》감독: 오멸(2013년) / 《계춘할망》감독: 창감독(2016년) / 《시인의 사랑》감독: 김양희(2017년) / 《바람 바람 바람》감독: 이병헌(2018년) / 《어멍》감독: 고훈(2019년)

At the "Jeju 4.3 Peace Park," where the ceremony was held, the walls are covered with the nameplates etched with the names of the victims. Director Yonghi Yang did not shoot this documentary just to expose the facts; it is unmistakably a film about a family. Director Yang is seen trying to share her mother's memories while eating *samgyetang* together, even though they subscribe to different ideologies. That feeling is no stranger to anyone who watches the film. The stories that did not make it into the trilogy documentaries about her family are told in her essay, *"Turning off the Camera, I Write"* (Cuon).

Soup and Ideology
2021, 118 minutes, Tofoo Films
Director/Screenwriter/Narration: Yonghi Yang
Cinematographer: Takanobu Kato
Editor/Producer: Baekho JJ
Music Director: Young Wuk Cho
Original animation: Mika Koshida
Animation costume design: Saako Mima
Executive producer: Kaoru Arai

강승철 （담화헌）
Seungchul Kang (Damhwahun)

제주 옹기

제주다운 물건을 즐기다

현대의 옹기를 소개합니다.
제주의 흙, 제주의 땅에서 만드는

사진 야마자키 유지 山崎悠次

돌 손잡이 단지 250,000원
직경 180mm 높이 180mm
Stone Handle Jar

강승철 (담화헌)

Seungchul Kang (Damhwahun)

병(瓶) 30,000원
직경 60mm 높이 180mm (200ml)
Bottle

Enjoy the craftsmanship of JEJU

Jeju Onggi

Showcasing four contemporary Onggi in Jeju, crafted from Jeju clay

Photo: Yuji Yamazaki

김경찬 (제주점토도예연구소)

Gyeongchan Kim (Jeju Clay Pottery Lab)

술병 80,000원
직경 115mm 높이 130mm (600ml)
Liquor Bottle

정미선 (담화헌)

Misun Jeong (Damhwahun)

머그컵 25,000원
직경 90mm 최대 폭 135mm 높이 70mm (200ml)
Mug cup

맛있는 고기국수

편집부가 추천하는 제주도의 명물

1

1. 남춘식당 처음 방문했을 때는 줄이 길어서 김밥(유부가 들어가 있어 맛있다)만 포장해서 먹었는데 다음에 다시 방문해 먹어보니 역시 고개가 끄덕여질 정도였다. 맛있다! (8,500원)

📍 제주 제주시 청굴로 12
☎ 064-702-2588 ⏰11:00~16:30 일요일 휴무
Namchun Sikdang ⏰11:00~16:30 Closed on Sundays

2

2. 모던돔베 자가 제면으로 만들어 희소가치가 있다! 숯불로 구워 향이 좋은 제주산 돼지고기와 함께 미역귀, 삶은 달걀이 들어가 있어 포만감을 주는 진정한 '모던 고기국수'. (13,000원)

📍 제주 제주시 1100로 3029 ☎ 0507-1389-1693
⏰10:00~16:00 연중무휴
Modern dombe ⏰10:00~16:00 Open all year

3

3. 제주한면가 가게 모습만 보아도 얼마나 공을 들여 만드는지 전해지는 제주 유일의 '디자인 고기국수집'. 향토의 맛을 소중하게 담아 심혈을 기울여 만든 국수를 맛볼 수 있다. 삶은 돼지고기인 돔베고기도 일품이다. (10,000원)

📍 제주 제주시 조천읍 북선로 373
☎ 064-782-3358 ⏰10:30~15:30 수요일 휴무
Jeju Hanmyeonga
⏰10:30~15:30 Closed on Wednesdays

고기국수는 일본의 돈코츠라멘과 비슷한 듯 다른 음식이다. 일본인에게는 무언가 부족한 느낌이 들면서도 의외로 깔끔해 맛있다. 밀이나 보리를 주식으로 삼고 재래종 돼지도 키워온 제주이기 때문에 발달한 면 요리들. 제주올레길을 걷거나 사이클링을 하다 휴식을 취할 때 꼭 제주의 식문화를 즐겨보기를 바란다.

Jeju Prefectural Specialty Recommended by the Editorial Department

Delicious *gogi-guksu*

Gogi-guksu is like Japanese tonkotsu ramen but different in a good way. The dish was created due to Jeju's history of relying on wheat and barley as its staple food, and now Jeju's full of countless famous *gogi-guksu* restaurants.

1. Namchun Sikdang

When I first visited, there was a long line so I only got the *gimbap* (with exquisitely deep-fried tofu) to go. I went back on another day to eat there and now I'm convinced; it was delish!

2. Modern Dombe

Home-made noodles are highly prized for their rarity! The savory char-grilled Jeju pork, *mekabu* seaweed, and boiled egg toppings make this "Modern *Gogi-guksu*" a truly satisfying dish.

4. 자매국수 공항 근처에 있어 관광객으로 북적인다. 제주산 1등급 돼지고기를 사용하는 것은 말할 것도 없고, 치자나무면, 채소, 김치에 이르기까지 신경 써서 만든다. 여행의 추억을 만들기 좋다. (9,500원)

📍 제주 제주시 항골남길 46
☎ 064-746-2222　🕐 9:00~14:30　16:10~18:00　수요일 휴무
Jamae Guksu　🕐 9:00~14:30; 16:10~18:00　Closed on Wednesdays

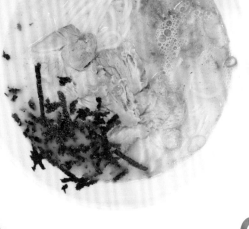

5. 국시트멍 쫄깃한 면발과 진한 국물이 일본의 돈코츠라 멘을 연상시켜 익숙하면서도 참신한 고기국수다. 먹다 보면 어느새 오리지널 자기 그릇이 텅 비어 있다! (10,000원)

📍 제주 제주시 진군길 31-3
☎ 064-725-7004
🕐 9:00~16:00 (주말은 11:00부터)　목요일 휴무
Kooksitmung Jeju
🕐 9:00~16:00 (till 11:00 on Saturdays & Sundays)
Closed on Thursdays

6. 삼대국수회관 본점 고기국수로 유명한 가게들로 북적이는 '국수문화거리'에 자리한 대중식당이다. 제주의 흑돼지를 우려내 만드는 국물이 특징으로, 고기국수의 정석이다. (9,000원)

📍 제주 제주시 삼성로 41
☎ 064-759-6645　🕐 9:00~25:30 (라스트 오더 25:00)　연중무휴
Samdae Noodle Hall Main Store
🕐 9:00~25:30 (L.O. 25:00)　Open all year

3. Jeju Hanmyeonga
Jeju's best "designed *gogi-guksu* restaurant" where the level of care they pay to food can be seen from the restaurant's appearance. The *dombegogi* (boiled pork) is also excellent.

4. Jamae Guksu
Brimming with tourists as it's near the airport. This is made with special care, including first-grade pork from Jeju, gardenia noodles, vegetables, and kimchi. A must-have memory of your trip.

5. Kooksitmung Jeju
Reminiscent of Japanese *tonkotsu* ramen, the chewy noodles and rich broth offers a nostalgic yet original *gogi-guksu*. Before you know it, the bowl's empty!

6. Samdae Noodle Hall Main Store
This greasy spoon is located in a corner of Jeju Noodle Street bristling with famous *gogi-guksu* restaurants. The broth is based on Jeju black pork, and it is a staple of the menu!

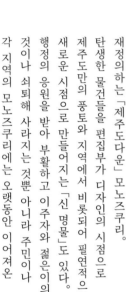

제주의 특산품

「그 지역다움」이 만드는 물건들

재정의하는 「제주도다운」 모노즈쿠리.

탄생한 물건들을 편집부가 디자인의 시점으로

제주도만의 풍토와 지역에서 비롯되어 필연적으로

새로운 시점으로 만들어지는 「신 명물」도 있다.

행정의 응원을 받아 부활하고 이주자와 젊은이의

것이나 쇠퇴해 사라지는 것뿐 아니라 주민이나

각 지역의 모노즈쿠리에는 오랫동안 이어져온

A Selection of Unique Local Products

The Products of JEJU

Among traditional each region products, some have stayed around since eras long past, while others have become lost over time. Our Editorial Department aims to identify, and redefine from a design standpoint, the various Jeju-esque products that were born inevitably from the climate, culture and traditions of Jeju.

빙떡
Bingtteok
메밀가루 반죽을 얇게 구운 다음 무나물을 넣어 돌돌 만 향토 요리.

제주 나대
Jeju nade
제주시민속오일시장에서 장인이 만드는 독특한 형태를 한 손도끼. 고사리를 딸 때나 산에서 작업할 때 편리하다.

오메기떡
Omegi Tteok
차좁쌀 가루를 반죽해 둥글게 만든 다음 콩가루나 팥소를 겉에 묻힌 전통 떡.

오메기술
Omegisul
쌀이 아닌 좁쌀이나 보리로 만드는 전통술. 증류한 술은 고소리술이라고 부른다.

테시폰 건축
Cteshphon architecture
건축 소재가 부족했던 시절, 간단한 기술과 재료로 단시간에 건설한 시공 방식. 바람과 비에도 강하다.

화장품
Cosmetics
차나 귤, 비자나무와 해초 등 제주의 자연에서 유래한 원료로 만드는 고유의 화장품.

차
Tea
한국에서 가장 높은 산인 한라산을 둘러싼 제주도만의 독특한 기후에서 재배가 시작되었다는 차.

갈옷
Garot
땡감의 즙을 짠 물로 염색한 의복. 시간이 갈수 갈색이 되고 부드러워 작업복으로 안성맞춤이

옹기
Onggi
화산재가 침투해 철분을 많이 함유한 점토는 독특한 흑적색과 아름다운 광택을 만들어낸다.

돔베고기
Dombegogi
도마 채 식탁에 내놓는 돼지고기 요리.
바쁜 제주 여성의 특징이 살아 있는 향토요리다.

돌하르방
Dol hareubang
마그마가 식어서 굳은 현무암으로 만들어진 섬의
수호신. 돌로 된 할아버지라는 뜻이다.

해녀
Haenyo
장비 없이 맨몸으로 바다에 들어가 전복이나 소라,
성게 등을 잡는 기술직. 섬에서만 볼 수 있는 민예다.

물허벅
Heobeok
굴 등을 운반하고 보관하는 도구로 옹기와
구덕이 일체화되어 등에 짊어질 수 있다.

전나무 목공예
Cedar wood handicrafts
목공방 '아름낭'에서는 제주의 전나무 목재를 사용해
그릇이나 도마, 꽃병 등 생활 도구를 만든다.

말총 공예
Horsehair crafts
말의 갈기나 꼬리의 털을 사용한 공예로 예로부터
조선왕조시대에 모자나 띠 등을 만들었다.

초가집
Choga
짚으로 만든 지붕과 돌담이 특징인 제주의 전통 가옥.
'안거리'와 '밖거리'가 있다.

고사리 앞치마
Bracken apron
제주 특산품인 고사리를 수확하기 위해 만든
전용 앞치마다. 고사리 장마 때 대활약한다.

깨수깡
Kkaesukkang
제주산 원료로 만드는 숙취 해소제로 귤이나
해초, 찻잎 등으로 만든다. 편집부도 애용했다.

한라봉
Hallabong
1년 내내 다양한 품종의 귤을 맛볼 수 있으며
제주 특산 신품종도 있다.

덕
udeok
기 바구니나 수확용 바구니, 뚜껑을 달아
시락통으로도 사용하는 전통 대나무 공예.

초경 공예
Handwoven crafts - Mangtaeggi
제주도에서 자생하는 백합과의 식물 신서란을 사용해 엮어
만드는 공예. 씨앗이나 열매 등을 보관하는 바구니 등을 만든다.

Illustration : Kifumi Tsujii

편집부가 간다

편집부 일기 II

서귀포시 편

신도 히데토 & 이지나

Editorial Diary
JEJU MAP

Editorial Diary 2 : Editorial Team on the Go

By Hideto Shindo & Jina Lee

한국의 하와이

제주도는 크게 제주시와 서귀포시로 나눌 수 있다. 섬을 가운데에서 위아래로 나누면 북쪽이 제주시, 남쪽이 서귀포시다. 전자는 관공서나 경찰서 등을 비롯해 주요 시설들이 자리하는데 조금만 차를 타고 나가면 바로 자연이 펼쳐진다. 후자는 골프나 승마, 해양 스포츠가 발달해 제주에서도 오래전부터 관광지로 유명해 어딘지 회고적인 리조트 느낌이 감돈다. 「편집부 일기」 후반은 그런 서귀포시를 중점적으로 소개한다.

2 서귀포시

한라산으로 대표되는 제주의 아름다운 경치 가운데 성산일출봉은 특히 더 장대하다고 할 수 있다. 조금 떨어진 장소에서 바라보아도 감동적인 곳이었다. 5천 년 전 해저 화산 분화로 탄생해 단층절벽으로 둘러싸인 화산은 마치 바다에 떠 있는 왕관처럼 독특한 형태를 하고 있으며, 한국에서는 처음으로 유네스코 세계자연유산에 등록되었다. 정상까지는 30분도 걸리지 않을 정도로 비교적 가볍게 올라갈 수 있는데 정상에서 바라보는 분화구가 어마어마하다 보니 실제로 얼마나 대단한지 오히려 알기 어려울 정도였다. 웹사이트에는 하늘에서 촬영한 사진이 다수 올라가 있으므로 꼭 비교해서 보기를 바란다. 정말로 엄청나다.

편집부 서포터인 이지나 씨의 소개로 향한 곳은 '쿠리'라는 갤러리다. 일본의 지방과 비슷한 소박하면서 따뜻한 느낌이 드는 오래된 민가 같은 건물로, 우리가 방문했을 때는 제주에 사는 화가 곽명주 씨의 개인전 《안녕을 바라는 마음》이 열리고 있었다. 신발을 벗고 들어간 다다미 공간에는 제주의 풍경과 동물 등 계절이 느껴지는 다양한 그림이 절묘하게 조화를 이루고 있어 아주 멋있었다. 그중 한라산이나 제주의 바다를 모티브로 한 목공 작품도 있었는데 남편 최경진 씨와의 공동 작품이었으며, 그림 액자도 모두 남편의 작품이었다. 쿠리에서는 이외에도 도자기 등의 전시가 정기적으로 열리는 듯해 제주에 갈 때 꼭 다시 들르고 싶은 장소다. 참고로 2024년 봄에는 과거에 숙소였던 공간을 활용해 카페를 시작한다고 한다.

Seogwipo

Among the gorgeous peaks of Jeju's iconic Mt. Hallasan, Seongsan Ilchulbong stands out as especially majestic. Formed 5,000 years ago in an undersea eruption and surrounded by sheer cliffs, the volcano resembles a crown floating on the sea. It's a surprisingly easy climb to the top, and the view of the enormous crater is so amazing it boggles the mind.

The art gallery Kuri looks like a renovated traditional house, but the building is actually brand new. When we visited, it was hosting an exhibition of paintings by Jeju artist Myeongju Kwak, depicting a variety of Jeju landscapes and animals. Among them were woodcuts evoking Mt. Hallasan and the Jeju seascape, created jointly with her husband Gyeongjin Cho, who also made the frames for the paintings. Kuri holds regular exhibitions of ceramics and other artworks as well.

Korean singer-songwriter Yozoh is the face of Musabooks. Originally located in Seoul, it moved to the Seongsan area of Jeju in 2017. Along with her own works, the shop has a selection of books hand-picked by Yozoh. There's also a cafe

'책방무사'는 싱어송라이터 요조 씨가 운영하는 서점이다. 본래 서울에 있었지만, 2017년 제주 성산 지역으로 이전했다. 요조 씨가 쓴 단행본을 비롯해 그녀가 고른 환경과 인권, 자연 등에 관한 책을 만날 수 있다. 같은 부지에 카페와 레코드점도 있어 여러 가게가 작은 정원을 공유하며 가끔 출판 기념 이벤트를 여는 등 제주의 새로운 문화가 이 장소에서 탄생한다. 요조 씨가 책방에 있는 날은 적은 듯하지만, 그녀의 팬이 아니어도 책방무사는 제주의 새로운 매력을 발견할 수 있는 곳이니 반드시 가보기를 바란다.

'STILL NEGATIVE CLUB'은 육지에서 제주로 이주한 사진작가 박성욱 씨와 잡지 기자 출신인 구태은 씨 부부가 운영하는 사진 현상소 겸 카페다. 필름 카메라로 찍은 사진의 현상을 맡길 수 있는 데다가 휴대전화 속 사진은 음료를 마시는 동안 인화할 수 있는 등 독특한 콘셉트를 지녔다. 박성욱 씨가 직접 촬영한 서귀포의 해변 풍경이나 오름과 같은 자연 풍경이 담긴 사진도 여행 기념품으로 구입할 수 있다.

2024년에 9주년을 맞이하는 '라바북스'도 육지에서 지내던 재유 씨가 제주에 꾸린 책방이다. 주인인 재유 씨는 편집부 지나 씨와 오랫동안 인연을 이어온 사이로 《제주호》 제작에도 많은 도움을 주었다. 독립 출판물도 기획해 제작하는 독립책방으로 소규모 여행 사진집 시리즈 《LABAS》는 현재 8호까지 나왔다. 제주의 지역책 코너도 마련되어 있는 한편, 잡화류도 갖추고 있어 간단한 제주 기념품을 발견할 수 있다.

불우한 시대의 천재 화가라고 평가받는 화가 이중섭의 작품이 전시된 '이중섭미술관'으로 향했다. 일본에서 미술을 공부한 이중섭은 1950년에 일어난 한국전쟁의 불씨를 피하고자 일본인 부인과 아이들과 함께 제주도 서귀포로 이주해 살았다. 1952년에는 아내와 아이들이 일본으로 귀국해 헤어졌고, 1956년 병마로 마흔이라는 젊은 나이에 세상을 떠났다. 말년의 이중섭은 캔버스도 살 수 없을 정도로 가난했다고 한다. 그가 담배 상자에 든 은박지 등에 그린 힘찬 작품에 저절로 감동했다. 가족에게 부친 일본어로 쓴 편지나 그림에는 가족에 대한 순수한 사랑이 그대로 드러나 있었다. 이중섭미술관은 그가 가족과 행복한 나날을 보냈던 초가집 바로 근처, 바다가 바라다보이는 아름다운 풍경을 지닌 언덕에 자리한다. 꼭 들러보았으면 하는 곳이다.

서귀포시를 여행할 때는 서귀포 KAL 호텔을 이용했는데 한 동 전체를 빌릴 수 있는 독채 숙소 '폴개우영'도 추천한다. 폴개우영은 전통 석조 방식으로 만든 집을 현대적으로 재단장한 곳이다. 5월에는 귤

and a record shop onsite, all of which share a small courtyard that hosts book releases and other events, creating a new wellspring of culture on Jeju.

The photo lab-cum-cafe Still Negative Club is run by a husband-wife team, photographer Sungwook Park and former journalist Taeeun Gu. Not many other cafes will develop photos from film cameras for you while you wait. You can also buy souvenir photos of Seogwipo's seashores, *oreum*, and other natural landscapes.

Labas Books is another transplant from the mainland that will celebrate its ninth anniversary in 2024. These days, it's producing its own books, including a series of self-titled travel photo collections. The shop also has a local Jeju literature section as well as other sundry goods; perhaps you'll find a nice Jeju souvenir there.

The Lee Jung-Seop Art Museum is dedicated to the painter of the same name. The powerful images he created on foil cigarette packs in his final years, when he was too poor to afford canvas, will touch your heart.

A great place to stay in Seogwipo is Polgaeoo, a sleekly

꽃, 11월부터는 주렁주렁 열린 귤을 바라볼 수 있는 커다란 창문이 있다. 숙소는 정원을 중심으로 안거리와 밖거리(제주도의 특징적인 가옥 구조로, 부지 안쪽 동을 안거리, 바깥쪽 동을 밖거리라고 부른다)로 구분된다. 숙소 입구가 있는 안거리에는 방 두 개와 창문이 넓은 주방, 거실이 마련되어 있으며, 밖거리에는 차를 마실 수 있는 좌탁과 차 도구가 준비되어 있다. 개방된 공간에서 제주에서만 보낼 수 있는 멋진 시간을 즐겨보기를 바란다.

서귀포시에는 맛있는 해산물 레스토랑도 많아 어디를 가면 좋을지 고민하게 된다. 그럴 때 편집부에서 추천하는 가게는 2023년 문을 연 '퍼랭'이다. 현역 해녀를 어머니로 둔 주인이 운영하는 식당으로, 가까운 바다에서 잡은 신선한 회를 비롯해 전복 솥밥, 딱새우 라면 등이 맛있다. 여기에 돔베고기나 몸국과 같은 제주의 향토 요리도 함께 맛볼 수 있다. 로고나 안내판을 젊은 감각으로 디자인하는 등 디자인적인 면에서도 신경을 쓴 곳이다. 나는 일정이 맞지 않아 가지 못했는데 지나 씨에 따르면 앞으로가 더 기대되는 새롭고 재능 많은 가게라고 한다.

건축가 안도 다다오 씨가 설계한 '본태박물관'으로 향했다. 이곳은 한국 전통 공예품을 소장하고 있어 한국 문화 및 디자인과 더불어 그 아름다움에 관해 공부할 수 있었다. 전시품은 제주도의 것으로만 한정되어 있지 않고, 한국 전역의 공예품이 전시되어 있었다. 그 가운데 제주만의 것을 꼽자면 의외로 건축물을 들 수 있다. 경사지 앞뒤로 지어진 두 동의 건물은 똑같이 2층 건물이어도 높이가 다르다. 처음부터 굴곡이 있던 경사면을 깎지 않고 건물을 지었으며, 산방산과 마라도를 바라볼 수 있도록 설계되었다. 일본을 대표하는 예술가 쿠사마 야요이

renovated traditional stone house whose large windows offer seasonal views of mandarin orange groves. The inn is divided in distinctive Jeju style into two parts: an inner house and an outer house.

If you're looking for delicious seafood, try Peraeng, opened in 2023. The owner is a professional seafood diver, and the menu includes dishes like fresh sashimi made from local fish, abalone pot rice, and lobster ramen. You can also sample local Jeju cuisine like *dombegogi* and *momguk*, all presented with a youth-oriented design sense.

The Bonte Museum, designed by Tadao Ando, features a collection of traditional Korean handicrafts that offer visitors a lesson in Korean culture

草間彌生 씨의 〈무한 거울 방Infinity Mirrored Room-Gleaming Lights of the Souls〉은 줄을 서서 볼 정도로 인기가 있지만, 이곳에서만 감상할 수 있는 멋진 풍경도 즐기기를 바란다.

이타미 준 씨가 설계한 '방주교회'는 지붕이 거울로 만들어져 있어 하늘과 조화를 이루어 아름답게 반짝인다. 마치 물 위에 떠 있는 듯 보이는 그 자태는 '노아의 방주'를 모티브로 디자인했다. 〈포도호텔〉 등 건축물 답사의 일환으로 방문해도 좋고 부지 안의 카페에서 잠시 쉬어도 좋다.

일본에서는 거의 볼 수 없지만 한국에서는 흔한 음료인 '미숫가루'. 제주에서는 '개역'이라고 불리는데, 보릿가루나 잡곡 가루 등을 우유에 타서 먹는다. 보기에는 소박해도 정말 맛있다. 영양도 가득해 식욕이 없을 때 마시기도 하고, 아기들이 먹는 이유식으로도 좋다고 한다. '인스밀'은 그러한 미숫가루를 테마로 한 카페로 곡물 창고를 멋지게 개조해 운영한다. 마치 놀이공원처럼 꾸며져 있어 SNS에 올리고 싶어질 정도로 공간이 먼저 손님을 사로잡는 핫플레이스다. 개역도 꼭 맛보기 바란다. 카페 오레 보울과 비슷한 가게 오리지널 그릇 '개역 보울'도 매력적이고, 직접 만드는 제주 전통 과자 '과즐'도 고소하고 맛있다.

농장과 목초지가 펼쳐지는 '알뜨르비행장'은 일제강점기에 일본이 중일전쟁의 거점으로 삼았던 장소로, 지금의 제주국제공항인 정뜨르비행장과 함께 일제의 대표 군사시설이었다. 비행기 격납고인 벙커가 20곳 존재했으며(현재는 19곳), 키가 큰 풀이나 화산암으로 위장되었다. 이렇게 많은 수의 벙커가 지금도 존재하는 곳은 일본에도 거의 없을 것이다. 약 10년 동안 주민을 강제 징용해 만들었다고 하니, 수많은 제주 도민이 희생된 아픔이 지금도 남아 있는 장소다. 일본 특유의 전술인 가미카제神風를 위한 조종 훈련장이기도 했는데 아무리 시대가 달라졌다 해도 일본인인 나로서는 전혀 남의 일이라고 할 수 없어 복잡한 심경으로 둘러보았다. 2017년에는 제주도립미술관 등이 들어서 《제주비엔날레 2017: 투어리즘》의 행사장으로도 활용되었다. 야외 예술 작품을 전시하면서 그곳에서 일어난 역사를 사람들에게 전했다.

'한국의 하와이'라고 불리며 세계적인 관광지로 알려진 제주에는 변명할 여지없이 아주 멋진 경치가 현재도 남아 있다. 지금이야 스마트폰이 보급되어 일부러 만든 게 눈에 보이는 사진 촬영 장소도 있기는 하지만, 부디 순진무구한 마음으로 섬을 둘러보기를 바란다. 섬이 본래 지닌 '제주다움'은 있는 그대로의 모습만으로도 충분히 아름다우니 말이다.

and design. Its two buildings are built on a slope, so one is higher than the other despite them both being two stories tall. They're designed to provide views of Sanbangsan and Marado.

Panju Church, designed by Jun Itami, has a roof made of mirrors that shines beautifully in harmony with the sky. It's good to visit as part of your architectural tour of PODO HOTEL, or take a break at the cafe on the premises.

The cafe In's Mill, located in a chic renovated grain mill, is dedicated to the popular Korean soft drink *misugaru*, known as *"gaeyeok"* in Jeju dialect. You may be smitten with the highly Instagrammable interior, but don't forget to try the *gaeyeok* too. The homemade *gwajeul* sweets are also delicious.

Altteureu Airfield was a Japanese military base during the colonial period. For about 10 years, local residents were used as forced labor there, and the pain of that experience still lingers today. In 2017, it was one of the venues for the Jeju Biennale, hosting outdoor art exhibits and telling visitors the story of what happened there.

제주도의 롱 라이프 축제

당과 뱀

坂本大三郎
사카모토 다이자부로(산의 수도자)

제주도나 한반도 남부를 중심으로 성스러운 신을 모시는 '당堂'이라는 성역이 있습니다. 그곳에서 이루어지는 제사를 '굿'이라고 부르는데 서귀포시 토산당에서는 8일, 18일, 28일이 젯날이기 때문에 팔일당이라고 합니다. '옛날에 제주도에서 서울로 공물을 바치러 갔던 사람이 섬으로 돌아올 때 보석으로 변신해 있던 산신을 실수로 토산리에 가지고 가서 재앙을 일으켰다. 비단에 싸인 짐을 펼치자 그 안에 뱀이 있었고 그 뱀을 팔일당의 신으로 모시게 되었다.'라고 알려져 있습니다.

한반도 남부의 구정 행사에도 '당산'이라고 불리는 것이 있습니다. 나무에 짚으로 만든 줄을 망처럼 두르는데 그것을 뱀으로 여기며 그 줄로 줄다리기를 합니다. 이와 비슷한 행사가 일본 규슈에서도 열리는데 음력 8월 15일로 열닷새 째 밤의 줄다리기라는 뜻의 주고야쓰나비키十五夜綱引き라고 불립니다. 또한 1월에 열리며 한국의 달집태우기 등과 비슷한 돈토야키どんと焼き나 초여름에 해충을 쫓는 행사인 무시오쿠리虫送り 등 다양한 행사에서 유사한 면을 발견할 수 있습니다.

이러한 배경을 참고로, 뱀에 대한 신앙을 확인할 수 있는 축제는 아시아의 광범위한 지역에 걸쳐

Long Lasting Festival in JEJU

Dangs and snakes

By Daizaburo Sakamoto (*Yamabushi*)

On Jeju Island and in the southern part of the Korean peninsula are sanctuaries called *"dangs"* where sacred objects are enshrined. The rituals held there are called *"gut,"* and the Tosandang in Seogwipo City is a *"yeodeuret-dang"* because *guts* are held on every 8th, 18th, and 28th. It's said that a person accidentally brought back from Seoul to Tosan Village a boulder, which was actually a mountain god that brought curses to the locals. He opened the silk package to find a snake inside, which was later worshipped as the deity of *yeodeuret-dang*.

At festivals held during the Lunar New Year in the southern Korean peninsula, straw ropes are wrapped around trees called *"dangsan"* to mimic snakes with which they do tug-of-war on it. Parallels can be found in various festivals in

사카모토 다이자부로 현대의 감성과 객관성을 두루 갖춘 산의 수도자. 도호쿠 데와산산出羽三山에서 산 수도자의 자세와 산간 지방에 남은 생활 방식이 마음에 들어 야마가타현으로 이주했다. 산은 사람의 지혜를 넘어선 '알 수 없는 것'의 상징이라고 여기고, 그곳에 존재하는 깊은 문화와 풍습을 알기 쉬운 말과 매력적인 그림으로 전한다. 일러스트레이터이자 문필가로도 활약한다.

Daizaburo Sakamoto *Yamabushi* (mountain priest) with a modern sensitivity and objectivity. During training as *Yamabushi* in Dewasanzan, Tohoku, he was attracted by the way of life of mountain priests and the art of living that remains in mountainous regions, and so he decided to relocate to Yamagata, based on his belief that mountains are the symbol of "things we don't know" that surpass human intellect, he conveys the profound culture and customs in mountainous regions through easy to understand language and attractive illustrations. He is also active as an illustrator and writer.

볼 수 있는데 고대에 '백월百越'이라고 불린 사람들과 관련이 있다고 여겨집니다. 백월이란 고대 중국 남방에 살았던 여러 종족을 총칭하는 말로, 벼농사, 문신, 용사신앙龍蛇信仰, 태양신앙, 새에 대한 신앙, 낫토나 어초와 같은 발효식문화 등의 공통점이 있다고 알려져 있습니다. 그들이 북방 사람들의 남하와 그로 인한 전란을 피하고자 일본과 한반도, 동남아시아 각지에 흩어지면서 나중에 우리 선조의 일부가 되었다고 여겨집니다.

일본 문화를 깊숙하게 파고들고 싶어 산의 세계에 발을 들인 지 약 20년. 그리고 발견한 것은 바다를 건너 일본의 자연과 대치해온 사람들의 모습입니다. 대만의 북부 산악에 사는 하니족 마을의 새 모양 목상이 달린 '정령문', 액운을 막기 위해 장대 위에 새의 목상을 달았던 한국의 솟대, 요시노가리유적吉野ヶ里遺跡에서 복원된 새의 조각상이 달린 문 등에서 서로 깊은 연관성을 느끼는 이유는 무엇일까요? 신사의 문을 왜 새가 있는 곳이라는 의미의 '도리이鳥居'라고 부르게 되었을까요? 그런 의문을 풀 실마리가 '아시아'라는 시점을 지녔을 때 생생하게 눈앞에 모습을 드러내는 듯합니다.

the Japanese archipelago, such as the Full-Moon Tug-of-War in Kyushu, the *Dondoyaki* (burning of new year's decorations) in January, and the *Mushiokuri* in early summer. Such festivals, in which the belief in snakes can be seen, can be found in many parts of Asia, and are thought to be related to the group of people called "Hundred Yue" in the olden times.

The Hundred Yue was a general term for the various tribes that inhabited southern China in the ancient times, and were known for their body tattoos, rice cultivation, fermented foods such as *natto* and aged sushi, and worship of dragons, snakes, sun, and birds. It is believed that they fled in escape of the war and the northern Chinese troops advancing southward, to the Japanese archipelago, the Korean peninsula, and various areas in Southeast Asia, and eventually became some of our ancestors.

제주도의 음악

음악업계 출신으로 '알맞은시간' '녹음실제주' 등을 운영하는
윤종인 씨, 홍미선 씨가 추천하는 '제주다운 음반'

제주, 숲의 음악

백정현
(블랙스톤 원더랜드 /
40,000원)

제주, 숲의 음악
Jeju, music of the forest

생각을 비우고 자연에 기대고 싶을 때가 있다　일상에서 벗어나 온전히 그 안으로 들어가는 일은 쉽지 않다. 피아니스트 백정현 씨는 도시에 사는 사람들에게 제주의 숲이 지닌 느낌을 전하고자 하는 마음으로 음악을 만들었다. 바이올린과 첼로 연주에는 오름의 아름다운 능선이, 피아노 연주에는 바람에 일렁이는 나무의 모습이, 베이스 연주에는 돌 틈에서 자라는 야생화의 기운이 담겨 있다. 목소리도 가사도 없고, 말도 아닌 연주. 보는 장소에 따라 다양한 풍경이 펼쳐지는 '따라비오름'처럼, 듣는 사람에 따라 듣는 장소에 따라 해석이 다양하다는 점도 연주곡의 묘미다. 어떤 이에게는 대자연의 아름다운 섬이 펼쳐지기도 하고, 어떤 이에게는 쓸쓸하게 고립된 외로운 섬이 보일 수도 있다. 다만 신비로운 제주의 숲이 오래오래 곁에 있기를 바라며 그 숲에서 위로와 치유의 힘을 받고자 하는 마음만큼은 모두가 마찬가지일 것이다.

RECORDs of JEJU

A "Jeju-esque record" recommended by Jung-in Yoon and Mi-seon Hong, owners of both "Almazen Sigan"&"Melting Room".

Jeju, music of the forest
Junghyun Beck (Black stone Wonderland ₩40,000)

Invisible to the eye, these performances with no voices, lyrics, or words, come to life in our minds through our ears. Like "Ttarabi Oreum" that offers different views depending on where you look, the real charm of a performance piece is that it can be interpreted in many different ways, depending on the listener and the place where it is listened. Some may see a beautiful island full of nature, but others may only see an isolated and lonely island. But even so, may mysterious Jeju's forests be always be with us, because all of us want to seek comfort and therapeutic properties in her forests.

제주도의 책

아름다운 해변이 펼쳐지는 함덕에 위치, 오리지널 굿즈가 매력적인
삼각형 모양의 '만춘서점' 주인 이영주 씨가 고른 '제주다운 책'

고사리 가방

김성라 지음
(사계절출판사 / 14,000원)

이쪽 것도 저쪽에 가서 서야 볼 수 있다   한 뿌리에서 아홉 번까지 내어주는 고사리. 처음에는 잘 보이지 않다가도 한 번 눈에 띄면 자꾸만 눈에 들어와 고사리 따는 일을 멈출 수가 없다고 한다. 제주가 고향인 이 책의 지은이 김성라 씨는 서울의 복잡한 생활에서 잠시 벗어나 4월, 고사리가 나는 계절에 어머니와 함께 고향에서 지낸 일주일을 그림과 글로 전한다. "발 옆에 있는 건 잘 안 보여. 이쪽 것도 저쪽에 가서 서야 볼 수 있다."라는 글귀를 고사리의 마음으로 9번 읽어 본다. 답답해서 떠났던 섬. 그때는 몰랐지만 지금은 보이는 것들. 도시의 고단한 삶도 잠시 쉬었다가 돌아오면 맑아진 눈 덕분에 달리 보이는 것들이 있음을 느낀다. 잠깐의 여행은 그동안의 나를 잠시 비우고 다시 가까운 것들을 소중하게 바라보는 법을 알려주는 마법과도 같다. 가끔은 자연이나 책을 통한 잠깐의 환기가 필요하다.

Books of JEJU

A selection of Jeju-esque books by Young-ju Lee, owner of the Manchun Bookstore on the beautiful Hamdeok Beach.

The Bracken Bag
Seongra Kim (Sakyejul ₩14,000)

The Jeju-native author took a break from her chaotic life in Seoul, returned to Jeju during the bracken season in April and described in pictures and writings the week she spent with her mother.
"Things right before our eyes sometimes escape us. The grass is not always greener on the other side." The suffocation, departure from the island, and then the things that one now sees that were once oblivious. Sometimes, we all need to air ourselves a little, from inside out, through nature or books.

관 람 순 서

THIS WAY PLEASE

제주의 맛

(d47 식당 디렉터)
相馬夕輝
아이마 유키

제주의 정식

138

사진 박성욱 (STILL NEGATIVE CLUB)
요리 이용석 (식당 제주)

구워서 먹기도 한다.

【귤】
일본에서 전해졌다고 알려진 귤 재배.

장의 기능을 활발하게 해서 식전에 먹으면 좋다.
해초를 넣은 제주의 김치.

【물김치】

구운 피에 올려 감싼다. 맛이 담백해 속이 편하다.

【빙떡】
차갑게 식힌 무나물을 메밀가루를 반죽해 만드는데 그 내장이 국물의 맛을 결정한다.

【보말죽】
보말이라는 작은 조개를 일일이 손질해

제주의 요리와 함께 먹는다.
표고버섯, 말린 무, 고사리 등으로 만드는 장아찌.

【계절 장아찌】

돼지고기를 삶은 국물에 모자반이 들어가 먹으면 기운이 나는 연회 요리.

【순대가 들어간 몸국】
※위에서부터 시계방향으로

돌의 섬 제주

제주도는 1년 내내 잎채소가 자랄 정도로 기후가 비교적 온화하다. 섬 안에서 이동하다 보면 농지나 집 경계에 암석이 쌓여 있어 돌의 존재가 눈길을 끈다. 땅은 암반질의 토양이기 때문에 물 빠짐이 좋아 보리나 메밀과 같은 밭작물과 감귤 등의 과수 재배에 적합하다. 유기농 감귤 재배 농가인 양인혁 씨의 농지에서 노지 재배 감귤 수확을 체험했다. 햇살이 기분 좋게 비추는 가운데 단맛과 신맛이 조화롭게 살아 있는 감귤을 먹으며 그 맛에서 섬의 자연이 만들어 내는 생명을 느꼈다.

투명한 바다에서 태어나는 해녀 요리

요리연구가 진여원 씨를 만났다. 전통 제주 가옥의 뒤뜰에는 제주 특산물인 당유자와 함께 재래종 감나무에 작은 땡감이 열려 있었다. 집 안에 들어서자 감물을 들인 방석과 커튼이 눈에 들어왔다. 습도가 높기 때문에 살균 효과가 있는 감물 염색이 필수라고 한다. 마늘, 생강. 보릿가루로 죽을 쑤어 소금으로 간을 한 뒤 '청각'이라는 독특한 식감의 해초를 넣은 물김치. 양하, 고사리, 산초잎, 말린 무, 콩잎, 들깨의 줄기와 열매로 절인 장아찌. 장아찌는 제주 특산물인 흑돼지를 삶은 수육에 돌돌 말아 먹었다.

Jeju's "Home Grown" Meal

By Yuki Aima (Director, d47 SHOKUDO)

Above photo, clockwise from the top:
Momguk with **sundae**: A power-packed dish of gulfweed in pork broth.; **Seasonal chagalchi**: Pickled shiitake, dried radish and bracken. To be eaten with Jeju cuisine.; **Bomal-juk**: Small shellfish called bomal are carefully cleaned, and their innards is the key to making the broth.; **Bingtteok**: Chilled radish namul wrapped and baked in buckwheat dough. Its light flavor soothes the stomach.; **Mul kimchi**: Jeju kimchi with seaweed; an essential before meals to soothe intestines.; **Mandarins**: Mandarin cultivation is believed to have come from Japan. They are also baked and eaten.

Jeju – Island of Stones
Jeju Island has a relatively mild climate where leafy greens can grow year-round. The rocks make their presence felt as

아이마 유키 사가현 출신으로 D&DEPARTMENT의 디렉터다. 47개 도도부현에 롱 라이프 디자인을 발굴하고 전한다. 음식 분야 디렉터를 맡고 있으며 일본 각지에 오랫동안 이어온 향토 음식의 매력을 전하고 생산자를 지원하는 활동을 전개한다. 또한 셰프와 함께 d47 식당의 정식 개발을 담당하고 있어 언제나 각지를 돌아다닌다. 지은 책으로는 『지속되는 것을 먹는 식당つづくをたべる食堂』이 있다.

Yuki Aima Native of Shiga prefecture. Representative Director of D&DEPARTMENT INC. He established D&DEPARTMENT which uncovers long life designs in the 47 prefectures of Japan and transmits information of such designs. He is also serving as director of the Food Department, and develops activities to convey the appeal of regional cuisine that has a long tradition in all parts of Japan and to support producers. He is also in charge of set meal development in the d47 SHOKUDO together with chefs, and frequently travels to various regions. He is the author of 'Tsuzuku wo Taberu Shokudo' (D&DEPARTMENT PROJECT).

장아찌의 쓴맛과 신맛이 고기의 맛을 더욱 맛깔나게 해주었다. 이외에도 전복 비빔밥, 보말과 성게가 들어간 미역국 등 해녀의 생활을 느낄 수 있는 요리를 맛보았다. 며칠 후 섬 동부에 위치한 하도리를 방문해 현역 해녀들의 이야기를 들었다. 해녀는 밀물일 때는 농사를 짓고 썰물일 때는 바다에 들어간다. 이것만으로도 분주한데 옛날에는 밤에 생활용수까지 뜨러 다녔다고 한다. 해녀들의 강한 인내심, 대담한 기질이 어디에서 비롯되었는지 알 것도 같았다.

제주 문화의 근본에 흐르는 공동체 의식

모자반으로 만드는 몸국을 먹으러 서귀포시에 있는 몰고랑식당으로 향했다. 돼지 등뼈를 우린 국물은 메밀가루로 걸쭉하게 만든 다음 돼지고기를 넣어 장시간 푹 고아낸다. 돼지고기는 흐물흐물 부서질 정도로 부드럽다. 모자반의 향기와 식감, 돼지고기 국물이 어우러져 진한 맛이 느껴진다. 여기에 돼지고기와 선지, 메밀가루, 밀가루를 돼지 내장에 넣어 만드는 순대가 더해지니 일품이었다. 제주에서는 친척이 모이는 관혼상제와 같은 연회에서 돼지를 버리는 부위 없이 남김없이 사용해 요리를 대접한

we moved around the island, where rocks are piled up along the borders of farmlands and houses. The well-drained rocky soil makes it suitable for field farming such as wheat and buckwheat, and pomiculture such as mandarins. We were lucky enough to harvest outdoor-grown mandarins on the farmland of an organic mandarin farmer.

Haenyo cuisine from the depths of clear sea
Meet culinary researcher Yeo-won Jin. In the backyard of a traditional Jeju house are native *yuzu* "*daengyuji*" and small

astringent persimmon trees full of fruit. In the house are persimmon-dyed cushions and curtains. Persimmon tannin dyeing is essential in the highly humid climate. We had *mul kimchi* that's seasoned simply with garlic, barley, and salt, and contains "*jeongga*," a seaweed with a unique texture; *chagalchi* made up of Japanese ginger, bracken, Japanese pepper leaves, dried radish, soybean leaves, and pickled perilla stems and seeds that is to be eaten wrapped around slices of boiled black pork belly (a specialty of Jeju) where the bitter and sour flavors complement each other; abalone

다. 돼지고기를 삶은 국물이 제주의 공동체적 의식의 상징처럼 느껴졌다. 몰고랑식당에 이어 제주시 민속오일시장에도 찾아갔다. 갈치, 고등어, 병어 등 다양한 생선과 건어물이 눈이 부실 정도로 강한 조명 아래 쭉 진열되어 있었다. 젓갈이나 김치 전문점, 고추나 건어물 전문점도 있었고 살아 있는 닭까지 판매하고 있었다. 시장에는 메밀가루 반죽을 구운 피에 무나물을 올려 말아 만드는 빙떡 전문점도 있었다. 제주의 채소는 모두 맛이 제대로 들어 있다. 그중에서도 무가 달짝지근해 기억에 남았다.

자애로운 제주의 마음

제주는 조선시대에 쇄국적인 환경의 영향을 받았고, 암반질의 토양 때문에 흙의 층이 얇다. 식문화에 서도 이 같은 영향들을 감내해야 했던 역사가 있는데 그 덕분에 자란 문화도 있다. 어떤 요리든지 미래를 생각하고 동료나 가족과 함께 완성해온 공동체의 증거가 되는 식문화의 집적일 것이다. 이것이 검소하고 아름다운 문화의 풍경을 만든다. 속이 더부룩할 때 마시라면서 진여원 씨가 건넨 말린 무의 차는 연하면서 소박했다. 마치 제주의 공동체 정신을 나누어준 듯했다.

bibimbap; *bomal* shellfish, sea urchin and *wakame* soup, and other dishes that gave us a sense of the life of a *haenyo*.

Sense of community underlying Jeju's culture
I visited Molgorang Restaurant for their *momguk* slowly simmered with pork meat and backbone. Pork is used, head to tail, at weddings and funerals. Pork broth seems to be a symbol of Jeju's sense of community. We also visited the Traditional Five-Day Market where fresh and dried fish greeted us under the dazzling lights. There was also a store selling

bingtteok, a buckwheat flour galette with radish *namul*.

Relish the heart of Jeju
Jeju has a long history of food shortages due to its isolated environment during the Chosun Dynasty and thin soil. But it was from this that they developed their own culture. Each dish is probably an accumulation of food culture, that is a testament to the community built up with friends and family as they looked toward the future, painting a modest yet beautiful landscape of culture.

제주도의 기념품

편집부가 진심을 담아 추천하는

1. 고스트 제주산 감귤의 진피, 고수풀의 씨앗, 천일염이 절묘하게 어우러져 제주의 자연을 떠오르게 한다. 패키지 디자인도 함께 즐기자. 500ml 7,000원 **맥파이 브루어리 & 탭룸** ♀ 23, Donghoecheon 1-gil, Jeju-si, Jeju-do ☎ +82 507-1388-0227　Ghost 500ml ₩7,000　Magpie Brewery & Taproom

2. 돌하르방(대정석재 이창근) 현무암 덩어리를 하나하나 손으로 깎아 만든 돌하르방의 모습은 장인의 얼굴과 닮았다. 1호 12,000원 / 3호 20,000원 **D&DEPARTMENT JEJU by ARARIO** ♀ 3 Tapdong-ro 2-gil, Jeju-si, Jeju-do ☎ +82 64-753-9902　*Dol-hareubang* (Daejeong Building Stones Chang Geun Lee)　Size 1 ₩12,000 / Size 3 ₩20,000　**D&DEPARTMENT JEJU by ARARIO**

3. 제주오메기 맑은술 좁쌀과 누룩으로 주조한 약주. 가벼울 뿐만 아니라 밀도가 있는 술맛과 풍미가 인상적이다. 500ml 30,000원 **제주술익는집** ♀ 4726 Jungsan gandong-ro, Pyoseon-myeon, Seogwipo-si, Jejudo ☎ +82 64-787-5046　Jeju *Omegi Malgeunsul* 500ml ₩30,000　Jeju Island Brewery

4. The Spray 제주 숲의 청량감을 집에서도 느껴보자. 인공적인 향이 아니라 편백나무 가지를 증류한 물과 오일을 사용해 안심. 리필 세트 450ml 32,000원 / 900ml 42,000원 hinok 🔲 www.hinok.life　The Spray Refill set 450ml ₩32,000 / 900ml ₩42,000　hinok

5. 제주 산지녹차 / 제주 구운녹차 / 제주 한라암티 일본차에 익숙한 편집부지만, 제주에서 새삼 차를 좋아하게 되었다. 특히 '한라암티'가 좋았다. 각 1.5g×12 18,000원 **오설록 티뮤지엄** ♀ 15, Sinhwayeoksaro, Andeok-myeon, Seogwipo-si, Jeju-do ☎ +82 64-794-5321　Jeju Fresh Green Tea / Jeju Hojicha / Jeju Halla Rock Tea 1.5g (Tea bag) ×12 each from ₩18,000　**OSULLOC TEA MUSEUM**

1　2　3　4　5

Photo : Yuji Yamazaki

6. GREEN TEA HYALURONIC SKIN CARE SET
제주도의 차를 원료로 만든 화장품. 남녀노소 모두에게
추천하며 취재 중에도 매일 사용했다. 38,000원 **이니
스프리 제주하우스** 📍23, Sinhwayeoksa-ro, Andeok-
myeon, Seogwipo-si, Jeju-do ☎ +82 64-794-5351
GREEN TEA HYALURONIC SKIN CARE SET ₩38,000
Innisfree Jeju House

7. 말린 귤 귤 하나를 통째로 말린 한국인의 아이디어에
경의를 표한다. 맛과 디자인 모두 만점으로 외국 친구에게
선물하기에도 좋다. 15g 4,000원 **푸른콩방주** 📍740,
Jungsanganseo-ro, Seogwipo-si, Jeju-do ☎ +82 64-
738-7778 Dried mandarins 15g ₩4,000 **Blue
Bean Ark**

8. 말총 모빌 과거 조선시대에 모자나 띠 등에 말의 털을
활용했던 말총 공예. 햇빛이 닿으면 빛이 은은하게 통과해
벽에 드리워지는 그림자도 아름답다. ※참고상품 (2023년
판매 종료) **정다혜** *Malchon mobile* Reference product
(sales ended in 2023) Dahye Jeong

9. 차롱 (오영희) 70년 동안 이어온 장인정신을 바탕으
로 짠 차롱. 대나무는 음식 보관에 용이해 도시락통으로 안
성맞춤이다. 대 360,000원 / 중 250,000원 / 소 110,000
원 **D&DEPARTMENT JEJU by ARARIO** 📍3 Tap
dong-ro 2-gil, Jeju-si, Jeju-do ☎ +82 64-753-9902
Chalong (Oh Younghee) Big ₩360,000 / Medium
₩250,000 / Small ₩110,000 **D&DEPARTMENT JEJU
by ARARIO**

10. 뚯뚯라면 한국은 역시 인스턴트라면이 유명한데
제주에 왔다면 메이드 인 제주의 인스턴트라면을 먹어보
자. 건조 마늘 양념이 최고다. 135g×4 8,880원 **오뚜기**
🖥 www.ottogimall.co.kr Tot Ramen 135g×4 ₩8,880
Ottogi

11. nimome 입에 넣으면 귤피의 향기가 퍼지며, 약
간 쌉싸름하면서 적당한 단맛을 느낄 수 있다. 화이트 와
인과 비슷하지만 끝맛은 역시 약주다. 375ml 12,000원
제주샘주 📍283, Aewon-ro, Aewoleup, Jeju-si, Jeju-do
☎ +82 64-799-4225 nimome 375ml ₩12,000 **Jeju
Saem Ju**

12. 제주살이 능력고사 (랄라고고) 제주에 관해 속속들이 알 수 있는 문제집. 풀면 풀수록 제주에 대한 애정이 샘솟는다. 언젠가 만점을 맞을 수 있을까? 12,000원 **PIC JEJU** 🔗 www.picjeju.com/mall Jeju Living Proficiency Test Questions (Lalagogo) ₩12,000 **PIC JEJU**

13. 깨수깡 환 귤이나 해초, 약초 등으로 만든 제주판 숙취 해소제. 음료도 있으며, 과립 타입은 여행할 때 휴대도 간편하다. 3g 1,700원 롯데칠성음료 🔗 mall.lottechilsung.co.kr Ggaesuggang pills 3g ₩1,700 Lotte Chilsung Beverage

14. 제주 나대 제주시민속오일시장에서 첫눈에 반해 구입한 제주의 독특한 손도끼. 옛날부터 산에서 작업할 때 사용하기 편리했다고 하던데 지금이라면 캠프에도 제격이다. 30,000원 **원일대장간** 📍8-4, 26 Oiljangseo-gil Jeju-si, Jeju-do(제주시민속오일시장 안) ☎+82 10-9990-0440 Jeju machete ₩30,000 Wonil Blacksmith

15. 제주마음샌드 제주국제공항에서만 매일 한정 수량으로 판매하는 샌드 쿠키. 우도 땅콩, 솔티드 캐러멜과 버터크림이 들어갔다. 10개 16,000원
파리바게뜨 제주국제공항점 📍 Jeju Airport 3F, 2, Gong hang-ro, Jeju-si, Jejudo ☎+82 64-753-9904
파리바게뜨 제주국제공항 렌터카하우스점 📍Jeju Rent a car house, 2, Gonghang-ro, Jeju-si, Jeju-do ☎+82 64-745-5373
파리바게뜨 제주국제공항 탑승점 📍Jeju Airport 2F, 2, Gonghang-ro, Jeju-si, Jejudo ☎+82 64-747-5373
Jeju heart sandwich 10piece ₩16,000
Paris Baguette – Jeju International Airport Branch
Paris Baguette – Jeju Airport Rental House Branch
Paris Baguette – Jeju International Airport Boarding store

16. 머들 크레용 화산섬의 현무암을 모티브로 한 귀여운 크레용. 밀랍으로 만들어 그려도, 쌓아도 '그림'이 된다. 29,000원 **오두제** 🔗 odujej.kr Mudle Crayon ₩29,000 **ODUJEJ**

17. 제주올레 패스포트와 굿즈 제주의 '풍경'을 걷는 디자인 여행. 각 코스마다 기다리는 '간세'에서 스탬프를 찍어보자! **제주별책부록** 📍19, Jungjeongro, Seogwipo-si, Jeju-do ☎+82 64-767-2170 Jeju Olle Trail Passport and goods Jeju special supplement

18. 한라산 우드 카빙 4피스 일러스트레이터 곽명주 씨가 목수인 남편과 만든 한라산 블록. 4개의 작은 블록에는 제주의 기억이 담겨 있다. 45,000원 **일월목주** 📍45, Sejong-ro, Gujwa-eup, Jeju-si, Jeju-do ☎+82 70-8064-0152 HALLASAN wood carving 4 pieces ₩45,000 Ilwolmokju

19. 목장갑 활용성이 높은 제주산 목장갑은 모두에게 선물하고 싶다. 귤 농가나 해녀들도 애용하는 제품으로, 편집부는 한라산을 등산할 때 사용했다. 10컬러들이 3,000원 **형제상사** 📍37, Seonban-ro, Jeju-si, Jeju-do ☎+82 64-725-3000 Work gloves 10set ₩3,000 Brothers Trading Company

20. 김택화 팝업북 편집부가 반한 제주의 화가 김택화의 그림이 팝업 그림책으로! 과거의 작품이 현대적으로 다시 태어났다. 56,000원 **김택화미술관** 📍1 Sinheung-ro, Jocheon-eup, Jeju-si, Jeju-do ☎+82 64-900-9097 KIMTEKWHA POP-UP ₩56,000 Kim Tek Hwa Museum

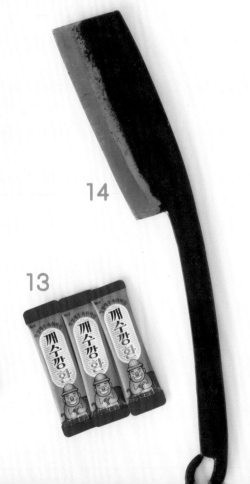

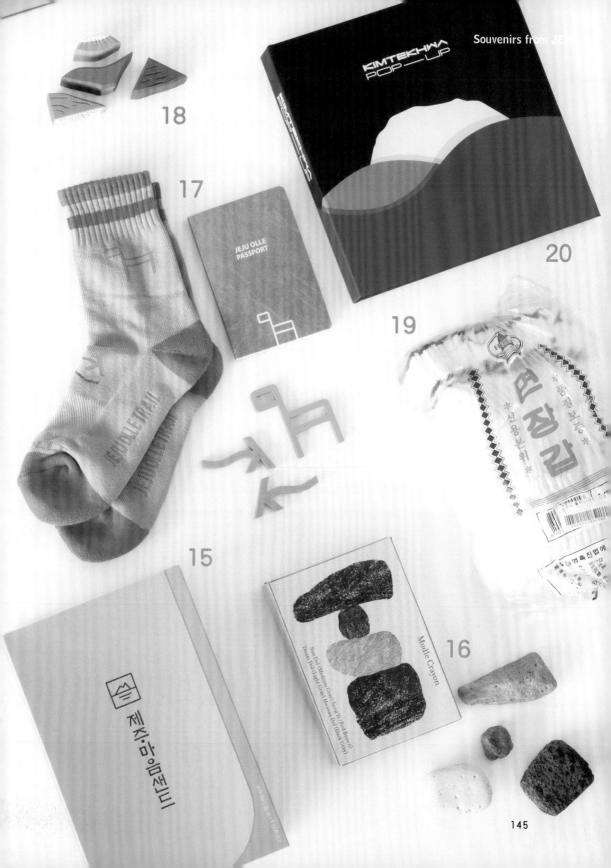

18

17

20

KIMTEKHWA
POP — UP

JEJU OLLE
PASSPORT

19

면장갑

15

제주마음샙니

Mudle Crayon

Sun Dol (Medium Gray) Song 'Ri (Red Brown)
Dween Dol (Light Gray) Hwasra Dol (Dark Gray)

16

©Yongkwan Kim

디자이너의 천천히 흐르는 시간

연재 52

보통

「일상」

후카사와 나오토

2024년 1월 1일, 노토반도지진能登半島地震이 일어났다. 새해 첫날부터 어떻게 이런 일이 일어날 수 있지? 누구나 이렇게 생각했을 것이다. 한 해의 평화와 건강을 기원하고 편안하면서 안전한 일상이 이어지기를 비는 날에 지진은 일어났다.

피해 지역은 예사롭지 않은 상황에 놀라 비탄에 빠졌고, 어쩔 수 없이 대피소 생활을 해야 하는 사람들은 '일상'이라는 말을 반복했다. 보통이란 일상을 말한다고 새삼 느꼈다. 비일상의 날들이 이어지면 일상을 되돌리고 싶다고 갈망하게 된다. 일상이란 평범한 날들에 대해 새롭게 다시 생각해 보게 하는 말이다. 안정된 일상은 언뜻 평범하고 지루해 보일지 모른다. 그렇지만 그러한 일상을 잃었을 때 인간은 상상할 수 없을 정도로 좌절한다.

와지마輪島는 칠기의 산지다. 한 아이가 대피소에서 배식으로 나온 따뜻한 국물을 옻칠 그릇에 먹는 모습을 사진으로 보았을 때 와지마의 일상은 분명 풍요로웠겠다고 생각할 수밖에 없었다. 미美는 일상 안에 존재한다.

'평화'라는 말도 최근 자주 들려온다. 평화로울 때 사람들은 그렇게 자주 평화라는 말을 입에 올리

***Futsuu** (Normal): The Everyday Life*

The Noto Peninsula earthquake occurred on January 1, 2024. Everyone must have thought, "Why this early in the New Year?" The earthquake came on a day when we hoped for peace, health, safety, and a peace of mind for the year.

Folks at the disaster-stricken areas were surprised and saddened by this unusual and unexpected event, and those who were forced to move to the evacuation centers repeatedly mumbled "an everyday life" It made me wonder again if "normal" meant "everyday life." On such extraordinary days, I find myself yearning to return to my everyday life. It made me realize that everyday life in my dictionary actually refers to mundane days. A stable everyday life may seem mundane and boring at first glance, but when that everyday life is gone, the dismay and panic we humans experience is on an extraordinary level.

Speaking of Wajima, it is known as a production area of lacquerware. When I saw images of children sipping warm soup from a soup kitchen at an evacuation center in lacquered bowls, I couldn't help but think that the Wajima locals must have led incredibly enriched everyday lives. Beauty

후카사와 나오토深澤 直人 탁월한 조형미와 철저하게 심플한 디자인으로 국제적인 기업의 디자인을 다수 맡아왔다. 전자정밀기기를 비롯해 가구, 인테리어, 건축에 이르기까지 폭넓은 분야의 디자인을 담당했다. 디자인뿐 아니라 그의 사상과 표현도 나라나 분야를 뛰어넘어 높은 평가를 받는다. 2007년 영국왕실예술협회의 칭호를 받았으며 2018년 이사무노구치상을 받는 등 일본은 물론 해외에서의 수상 경력도 다수 있다. 2022년 4월에는 일반재단법인 THE DESIGN SCIENCE FOUNDATION을 설립했다. 다마미술대학교多摩美術大学 부학장, 일본민예관日本民藝館 관장을 맡고 있다.

Naoto Fukasawa With his outstanding beauty of form and simplicity of design, he has created designs for many multinational companies, spanning across a wide range of areas from electronic precision instruments to furniture, interior design, and architecture. He is highly acclaimed not only for his designs, but for his ideas and expressions that transcend beyond borders or regions as well. He was awarded the title of Royal Designer for Industry (Royal Society of Arts) in 2007, and the Isamu Noguchi Award in 2018. In April 2022, he established THE DESIGN SCIENCE FOUNDATION, a general incorporated foundation. He is a Vice President at Tama Art University, and Director of the Japan Folk Crafts Museum.

지 않는다. 평화라는 말은 분쟁의 냄새를 풍긴다. 어떤 사람이든 부모라면 아이를 지키고 싶어 한다. 그 마음에는 적군도 아군도 없다. 그런 서로에게 갖는 감정은 원한보다 한탄이 더 강하다. 절망적이다. 전쟁의 당사자 중에는 서로를 향해 있는 분노를 어떻게 해결하면 좋을지 몰라 탄식하는 이가 많을 것이다. 전쟁이 일어나면 일상은 사라진다. 보통의 평화로운 날들을 잃는다.

나에게는 이스라엘인 동료가 있다. 그녀는 나의 도쿄 사무실에서 6년 동안 일했는데 그사이 세 아이를 낳았다. 3년 전에 텔아비브Tel Aviv로 돌아갔지만, 지금도 우리와 함께 일한다. 그녀는 코로나19 팬데믹이라는 역경을 헤치고 씩씩하게 살아가고 있다. 우리와 일을 하면서 미술대학교에서 교편도 잡는다. 그녀는 아무런 불평을 하지 않고 스스로가 어떤 고난의 역경 속에 있는지 우리를 격려한다. 전쟁 중에도 매일 줌으로 소통을 이어갔다. 그런데 어느 날 갑자기 "후카사와 씨! 5분만 기다려 주세요." 라고 말하며 화면에서 사라졌다. 그리고 딱 5분 후에 돌아왔다. 경보가 울리고 미사일이 날아온 것이었다. 이스라엘에는 모든 집에 작은 방공호가 완비되어 있다. 일상이 전쟁 속에 있는 것이다. 그런데 그녀가 이번 전쟁은 40년에 한 번 정도 있을 정도로 심각하다고 했다. 우리는 거의 매일 왓츠앱 WhatsApp으로 대화하는데 그녀는 가끔 "나는 강하게 살아야 해요."라고 혼잣말처럼 말한다. 그리고 전

exists in our everyday lives.

These days, we hear more and more of the word "peace." Yet in times of peace, people don't talk about peace that often. The word "peace" reeks of strife and struggles. Every parent, regardless of who they are, wants to protect their children. Friend and foe alike. Their grief overwhelms and overrides the resentment they have toward each another. This must be despair. There must be many involved in the war who are wondering where and who to direct their anger with each other. When war breaks out, the everyday life is lost. The normal, peaceful days are gone.

I have an Israeli colleague. She worked in my Tokyo office for six years and had three children during that period. She moved back to Tel Aviv three years ago but still works with us.

She has lived through the Covid-19 pandemic and remained indomitable. She never complains about anything and is always there to give us a word of encouragement, regardless of the hardships she herself was going through. We continued to communicate via Zoom every day even in the midst of war. But one day, she suddenly shouted out during our Zoom meeting, "Mr. Fukasawa! Please hold on for five minutes," and promptly disappeared from the screen. She returned exactly five minutes later. Even in the midst of war, she is plugging away at her work as if nothing is happening.

© Getty Image

쟁의 불씨 속에서도 담담하게 일을 처리한다. "일은 신경 쓰지 않아도 괜찮아요."라고 말하면 "이럴 때 일수록 일하는 편이 마음이 안정돼요."라고 대답한다.

그녀만큼 지적이고 현명하고 상냥하고 밝고 따뜻한 사람을 나는 본 적이 없다. 사무실에서도 모두 그녀를 존경한다. '지적이고 좋은 사람' '좋은 인간' 그 자체다. 하지만 그녀의 일상은 평화와는 거리가 멀다.

무엇을 평화라고 부를 수 있을까? 경제적 발전? 기술적 진화? 재해를 피하는 일? 전쟁에서 이기는 일? 환경오염이 사라지는 날? 이것들이 우리를 평화로부터 떼어놓고 있을지도 모른다. 평화로운 일상은 이제 오지 않는다고 느끼는 젊은이가 적지 않을 것이다. 세상이 끝나고 인간이 멸망하는 일이 당장 내일 일어난다고 해도 이상하지 않다. 어쩌면 일어날 수 있는 일이라고 인간은 예감하기 시작한 듯하다.

지금 내가 할 수 있는 일은 무엇일까? 늘 생각한다. 평범한 일상을 무너뜨리지 않는 일과 보통이라는 개념을 마음의 축으로 삼는 일. 이런 것을 멍하게 생각한다.

나는 요즘 인간에게 필요한 것을 디자인하고 있는지 생각에 잠길 때가 있다. 어려운 자문자답이다. 하지만 디자인은 사람을 행복하게 하는 일이라고 믿고 이 길에 들어섰다. 평화로운 일상을 바라보는 일을 잊어버리지 않도록 살아가고 싶다고 자신에게 되뇌는 일을 멈추지 않으려고 한다.

I have never seen anyone as intelligent, smart, kind, cheerful, and calm as she is. There is not a person in the office who does not respect her. She is the epitome of a human being who is "intelligent and lovely" and "good." But her everyday life is far from peaceful.

How should we define "peace?" Economic development? Technological advancement? The ability to evade disasters? Winning a war? The day when there will be no more environmental pollution? Perhaps, these are the very things that are taking peace away from us. I think many young people feel that peaceful days will never come again. They won't be surprised if the end of the world, or the end of human beings, descend upon them tomorrow. Humans are starting to see that this is not at all a far-fetched possibility.

I am always thinking what I can do now — How not to destroy the everyday life, and how to maintain the focus of "normal" in my heart and mind. These are the things that run in the back of my mind as I space out.

Lately, I've sometimes wondered if I am designing things that humans need. And that is a difficult question to ask of myself. However, I went down this path because I believed that design is about bringing happiness to people. I want to be a person who would never forget to tell myself to live my life by not forgetting to look at the peaceful everyday life.

000-
001

아라리오뮤지엄/주식회사 아라리오 제주 'Simple with Soul'은 스스로도 아티스트인 아라리오의 창업자 씨킴 씨가 만든 가치, 콘셉트 혹은 철학이다. 제주시에 흩어져 있는 3곳의 뮤지엄을 방문했을 때 나는 혼돈으로 가득한 현대 사회에 대한 고민, 괴로움이 순식간에 정화되는 듯한 기분이 들었고 이는 분명한 사실이었다. d 제주점의 모체이기도 한 아라리오의 '롱 라이프 디자인'은 바로 이 새빨간 건물이 표현하듯 '혼이 담긴 심플함'이다. 폐업한 영화관과 모텔을 활용해 보는 이에게 거리의 풍경을 각인시키고, 작품과 대화하며 자신을 되돌아보게 하는 귀중한 시간을 부여한다. 마치 오름과 같은 기생화산군을 이미지화한 비주얼은 D&DESIGN에서 디자인했다. 오너의 뜨거운 마음을 제대로 잘 표현했다고 자부한다.

🏠 www.arariomuseum.org/main.php

193

hinok / 주식회사 hinok life 한라산 기슭에 있는 아라동의 편백나무숲. 나무들이 바다에서 불어오는 바람과 따뜻한 햇살을 받으며 자라고, 가끔 노루가 숲까지 찾아와 휴식을 취할 만큼 평온하고 아름다운 곳이라고 한다. 'hinok'은 그 이름에서 짐작할 수 있듯 제주도의 편백나무로 만드는 탈취정화수 'The Spray' 등을 생산하고 소개하는 라이프 에티켓 브랜드다. 인간의 건강을 위해 자연을 파괴하면 안 된다는 사고로, 편백나무가 건강하게 자라도록 하기 위해 가지치기를 할 때 잘려 나간 가지와 잎을 주원료로 삼아 제품을 만든다. 업사이클이라는 방법으로 나무를 자르지 않고 좋은 제품을 만드는 것이다. 이것이야말로 자연이 키운 유일무이한 '메이드 인 제주도'다. 스프레이의 미스트와 같은 자잘한 입자 느낌을 표현한 비주얼은 D&DESIGN에서 디자인했다.

🏠 www.hinok.life

d47 MUSEUM
ARCHIVE

'일본 모노즈쿠리의 현재'를 알 수 있는 디자인 뮤지엄 'd47 MUSEUM'. 하나의 주제를 정해 47개 도도부현에서 제품을 모아 전시한다. 지금까지 개최한 전시 가운데 이번에는 2022년에 진행한 'NIPPON의 47' 시리즈 《47 winetourism-47개 도도부현의 자연·인간·문화를 맛보는 여행》을 아카이브한다.

※와인 투어리즘은 일반사단법인 와인투어리즘→般社團法人ワインツーリズム의 등록상표입니다.
19세 미만 미성년자의 음주는 법으로 금지되어 있습니다.

D&DEPARTMENT PROJECT
FRIENDS

47 WINE
TOURISM
47 都道府県 の 自然 · 人間 · 文化を味わう旅
企画:大木貴之（一般社團法人ワインツーリズム）、相馬夕輝（D&DEPARTMENTディレクター）
主催: D&DEPARTMENT PROJECT

MUSEUM

47 winetourism

47개 도도부현의 자연·인간·문화를 맛보는 여행

기간	2022년 2월 4일(금) – 2022년 5월 8일(일)
장소	d47 MUSEUM
기획	오키 다카유키(일반사단법인 와인투어리즘), 아이마 유키(D&DEPAERMENT 디렉터)
주최	D&DEPARTMENT PROJECT

산지를 여행하는 일을 상상해 보자. 그곳에는 1년 내내 포도를 기르고 수확해 와인을 만드는 사람들이 있다. 그들은 와인 만들기를 통해 지역의 전통을 지키고 경관과 문화를 만들어 다음 세대에게 계승하면서 산지를 형성한다. 포도의 산지, 와인의 산지가 생기기까지 그리고 산지를 지켜 다음 세대에게 계승하기 위해 얼마나 많은 사람이 그 지역에 삶을 바치고 노력하고 있을까?

본 전시는 각지에서 일어나는 운동movement를 응원하는 마음을 담아 기획했다. 와이너리는 물론 지역에서 그들이 만든 와인을 매일 판매하는 사람들에게도 도움을 구해 '와이너리와 지역'과의 관계에 초점을 맞추어 소개한다.

와인을 맛보는 일은 그 지역의 자연, 인간, 문화를 맛보는 일이다. 와인 만들기의 근본에 흐르는 이야기의 편린을 인식하고 그들이 만드는 풍경과 분위기, 땅과 바람의 향기를 오감으로 느껴보자. 그리고 본 전시가 실제로 그 지역을 방문할 계기가 되기를 바란다. 마지막으로 이 전시에 협력해 주신 모든 분에게 깊은 감사의 말을 전한다.

일반사단법인 와인투어리즘
오키 다카유키

선정 기준

지속되는 지역 산업　지역 안에서 자가 농원과 계약 농가가 생산 및 수확한 과실을 사용해 와인을 주조. 지역 산업으로서 지속해서 와인을 제조한다.

지역 커뮤니티　지역에서 생활하고 와인을 빚으면서 수확 축제나 마을 활성화 등 지역 커뮤니티와의 공생을 의식해 활동한다.

지역의 맛　지역의 지형을 살려 생산하는 원재료의 과실과 그 과실이 지닌 효모, 지역만의 제조법과 기자재 등 그 지역다운 맛으로 연결되도록 창의적 노력을 한다.

얼굴이 보이는 유통　주조장, 농가, 주류 판매점, 음식점, 고객과 지속적인 경제 순환을 의식한 유통에 힘쓴다. 또한 그 배경을 포함한 활동에 대해 꾸준히 전한다.

경치 만들기　와인 만들기를 통해 생활을 포함한 문화적 지역 환경, 자연 환경적 경관과 경치가 더 나아질 수 있도록 활동한다.

001
홋카이도
HOKKAIDO

10R 와이너리 10Rワイナリー
📍 홋카이도 이와미자와시 구리사와초 가미호로
1123-10
🔗 www.10rwinery.jp

002
아오모리
AOMORI

Fattoria Da Sasino
📍 아오모리현 히로사키시 다카야 야스다 185
🔗 dasasino.com

Photo : Yuji Yamazaki (p.155-178)

와인 주조의 자세와 비전을 배우기 위해 사람들이 모이는 학교와 같은 존재인 와이너리 홋카이도에서 와이너리를 하나만 고르기는 아주 어렵다. 그렇지만 '홋카이도에서 와인 만들기의 진화와 관련해 빼놓을 수 없는 사람'으로 반드시 이름이 거론되는 이가 브루스 구트러브Bruce Gutlove 씨다. '언제나 포도나 와인과 대화하는 그 자세가 새로운 와인제조회사에도 계승된다.'라면서 지역의 와인 관계자로부터 절대적인 신뢰를 받는다. (오키)

향토에 품는 깊은 애정이라는 뜻의 이탈리아어 캄파닐리스모 campanilismo를 요리, 농업, 발효 등 다방면에 걸쳐 실현한다 '와인뿐 아니라 그 지역을 느끼기 위해 가고 싶다.' 그런 캄피닐리스모가 넘치는 와이너리이자 농장이며 이탈리안 레스토랑이다. 히로사키시 출신의 사사모리 미치아키笹森通彰 씨가 시종일관 변함없는 스타일로 직접 요리를 만들고 채소를 키우며 하몽과 치즈, 와인을 만든다. (오키)

설립 / 2012년
추천 와인 / 가제2016風2016
포도 품종 / 피노 누아Pinot noir, 가메이gamay, 풀사르poulsard, 피노 뮈니에Pinot meunier

와이너리 뒤쪽, 남쪽 경사면에 있는 밭의 포도를 사용한다. 베리의 개성 있는 맛을 땅과 숲의 풍미가 장식한다.

설립 / 2010년
추천 와인 / 히로사키 네비올로弘前ネッビオーロ 2020
포도 품종 / 네비올로Nebbiolo

이와키산岩木山 산기슭에서 재배한 포도를 사용한다. 깊이 있는 가닛garnet 색조를 지녔으며, 라즈베리 잼, 장미와 제비꽃이 섞인 복잡한 향기가 감돈다.

155

이와테
IWATE

가미다포도원神田葡萄園
📍 이와테현 리쿠젠 다카다시 요네사키초 가미다 33
☎ 0192-55-2222.jp

004

미야기
MIYAGI

Fattoria AL FIORE
📍 미야기현 시바타군 가와사키마치 하세쿠라
시오자와 9
📱 www.fattoriaalfiore.com

이와테 바다의 산물을 즐기고 맛보고 그 페어링으로 이와테에 만 존재하는 맛의 풍경을 만든다 "이와테 바다의 산물과 가미 다포도원의 와인 페어링은 앞으로 이와테 와인을 이야기할 때 빼놓을 수 없게 될 것이다." 지역 소믈리에의 말이다. 바다가 가 까이에 있다는 점을 최대의 강점으로 인식하고 와인 만들기에 전력을 다해 축적한 맛을 계승한다. '고향이 그리워지는 맛을 변 함없이 만들어내는 일이 우리와 같은 생산자의 사명'이라고 말 하는 곳이다. (오키)

설립 / 1905년
추천 와인 / UNITE2022
포도 품종 / 리슬링 리온Riesling Lion

이와테를 대표하는 품종인 '리슬링 리온'을 자사 밭 에서 재배해 다른 산지의 '리슬링 리온'과 조합해 주 조한다.

과소화로 사람이 줄고 경작이 방치된 땅을 풍요로운 열매가 자 라는 땅으로 레스토랑 셰프가 지역의 경작 방치 대지와 인구 과소화에 맞서, 이 땅을 한 송이 꽃(AL FIORE)에서 시작해 꽃이 피는 농장(Fattoria AL FIORE)로 진화시키겠다는 마음을 담아 와이너리를 설립했다. 지역이 지닌 자연의 축복을 느낄 수 있는 토착적 자연파 와이너리다. (아이마)

설립 / 2015년
추천 와인 / Rosso 2018
포도 품종 / 메를로Merlot

밭의 스승인 오노 마사토시大野正敏 씨가 키운 포도 만을 사용한다. 생명의 이야기가 입 속에서 피어오르 는 듯한 맛이다.

005
아키타
AKITA

와이너리 고노하나ワイナリーこのはな
아키타현 가주노시 하나와 시모하나와 171
mkpaso.jp

006
야마가타
YAMAGATA

다케다와이너리タケダワイナリー
야마가타현 가미노야마시 요쓰야 2-6-1
www.takeda-wine.co.jp

전혀 다른 업종의 가게에서 시작한 상점가 안 와이너리   파친코 매장으로 사용되던 곳을 주조장으로, 은행 금고실로 사용되던 곳을 와인셀러로 만들어 와인 제조를 시작해 자사 웹사이트를 중심으로 판매한다. 교류형 와이너리로, 주조실은 전면 유리로 되어 있어 스테인리스 탱크가 즐비한 안을 밖에서 들여다볼 수 있으며 와이너리 견학도 상시 가능하다. 상점가 안에 탄생한 작은 와이너리가 지역민과 관광객 모두에게 사랑을 받고 있다. (아이마)

일본의 와인 여명기에 창업해 테이블 와인을 지역의 자랑으로 표현   일본에서 와인이 아직 낯설던 무렵부터 '좋은 와인은 좋은 포도에서부터'라는 사고로 꾸준히 활동해온 와이너리다. 일본의 와인업계를 이끌어 오며 역사의 기초를 마련했다. 이곳에서는 지역에서 생산되는 포도를 원료로 한 와인이 지역과 지역을 잇는 커뮤니티의 중심에 있다. 조용하고 담담하게 일상의 와인을 소중하게 여기며 지역에 자랑거리를 제공한다. (오키)

설립 / 2010년
추천 와인 / 도키쇼코시鴇小公子
포도 품종 / 쇼코시小公子

미네랄과 산뜻한 산미, 부드러운 타닌Tannin맛을 느낄 수 있다. 일본 요리 전반, 특히 회나 성게, 연어알 등과 궁합이 좋다.

설립 / 1920년
추천 와인 / 다케다와이너리 루주ルージュ
포도 품종 / 머스캣 베일리Muscat Bailey A

야마가타현에서 생산되는 포도를 100퍼센트 사용한 가벼운 레드 와인. 고기 요리 등 간장과 맛술로 만드는 요리와의 궁합도 훌륭하다.

후쿠시마
FUKUSHIMA

WINERY JUN
📍 후쿠시마현 기타카타시 세키시바마치
사이가치 이도지리 48-1
🔗 iproducts.thebase.in

이바라키
IBARAKI

le bois d'azur
📍 이바라키현 쓰쿠바시 가미요코바 281-13
🔗 leboisdazur.com

'재생 에너지+농업+관광'을 통해 지역 재생 및 지속 가능한 순환형 사회가 목표인 와이너리   와인 만들기에 필요한 온도 관리용 에너지 등을 포함한 에너지를 재생가능한 사회와 연결하겠다는 마음에서 아이즈전기会津電力가 시작한 와이너리다. 경작이 방치된 토지를 활용해 자사의 포도밭을 일구거나, 상품성이 없는 B급 사과를 재료로 쓰는 등 지역의 미이용 자원을 살려 상품을 개발한다. (아이마)

100년 후에도 이 지역에 남았으면 하는 마음으로 시작. 프랑스에서 와인 제조를 배운 부부가 운영하는 와이너리   그 지역의 포도를 표현한 와인을 만들기 위해 포도 본래의 맛을 소중하게 지키면서 매일 밭에서 땀을 흘린다. 와인이 그 지역의 풍경이 되어 생활의 일부로 즐겁게 마시기를 바란다. 이러한 작은 일상들이 쌓여 미래가 된다고 믿고 도전을 시작한 새로운 와이너리다. (오키)

설립 / 2020년
추천 와인 / 부도유메葡萄夢 머스캣 베일리 A 2021
포도 품종 / 머스캣 베일리 A

후쿠시마현 니혼마쓰시二本松市의 산간에서 자란 완숙 포도를 사용해 무여과로 주조한다. 마셨을 때 맛이 선명하고 수분이 많고 달콤한 향기가 감돌며 부드럽고 가벼운 것이 특징이다.

설립 / 2020년
추천 와인 / mon petit rouge 2022
포도 품종 / 거봉

수령 30년에서 50년이 된 나무에서 수확한 거봉으로 깔끔한 산미와 포도의 풍부한 과실 맛이 느껴지는 와인을 만드는 게 목표다.

009
도치기
TOCHIGI

고코팜와이너리ココ・ファーム・ワイナリー
📍 도치기현 아시카가시 다지마초 611
🔖 cocowine.com

010
군마
GUNMA

오쿠토네와이너리奥利根ワイナリー
📍 군마현 도네군 쇼와무라 이토이 오히나타 6843
🔖 oze.co.jp

와이너리에 가는 일이 모두의 즐거움. 팬과의 끈끈한 커뮤니티가 산지를 꾸준히 성장시킨다 많은 팬이 모이는 대표 와이너리. 창업 초기부터 꾸준히 개최하고 있는 수확 축제는 약 2만 명이 방문할 정도로까지 성장해 지역에 사람의 흐름과 경제 순환을 탄생시켰다. '지적 장애를 지닌 사람들이 자부심을 품고 즐겁게 살아가는 장'을 키우고 '맛있는 와인을 만들자'는 사고로 일본 와인의 향상에 큰 역할을 하는 곳이다. (오키)

아카기산赤城山 산기슭의 경관과 기후를 활용한 포도 재배. 자사 레스토랑에서 그 경치를 그대로 맛본다 아이들이 놀러 오는 일도 환영하는 등 견학과 수확 체험을 적극적으로 받아들이며 와인이 있는 생활을 제안한다. 레스토랑도 운영해 지역의 채소와 우유 등을 아낌없이 넣어 만든 요리를 와인과 함께 즐길 수 있다. 아카기산 산기슭의 경관과 기후가 자아내는 이 지역만의 맛을 표현하고자 도전을 멈추지 않는다. (오키)

설립 / 1980년
추천 와인 / 다이이치가쿠쇼第一号후
포도 품종 / 머스캣 베일리 A

급경사면에 있는 밭에서 자란 품질 좋은 포도로 만들어 야생 효모로 발효한다. 토마토 샐러드나 참치 절임, 장어덮밥 등과 잘 어울린다.

설립 / 1991년
추천 와인 / 아임샤르도네I'm シャルドネ 술통 숙성
포도 품종 / 샤르도네Chardonnay

자사 밭에서 수확한 단일품종 포도만으로 주조한다. 아카기산 산기슭의 자연이 느껴지는 풍성한 맛이다.

011
사이타마
SAITAMA

무사시와이너리武蔵ワイナリー
📍 사이타마현 히키군 오가와마치 고야 104-1
🔗 musashiwinery.com

012
지바
CHIBA

사이토부도원齊藤ぶどう園
📍 지바현 산부군 요코시바히카리마치 요코시바 1074
🔗 www.saito-winery.com

유기 농업의 마을, 오가와시에 탄생해 지역의 뜻을 잇는 와이너리 일본술 제조 경험도 지닌 주조가 후쿠시마 유조福島有造씨는 오가와마치에서 유기인증농약도 전혀 사용하지 않고 무농약으로 포도를 재배한다. 현에서 생산되는 목재와 토벽을 활용한 와이너리 건물에서 일본술을 만들며 쌓은 기술을 활용해 와인을 주조한다. '오가와 와인 축제小川のワイン祭' 등 유기농업 활동을 사회에 알리는 운동도 한다. (아이마)

적량 생산, 적량 판매를 중요하게 여긴다. 당연함을 정성스럽게 표현하는 가족 와이너리 가족 3대가 농업에 종사하며, 기계화나 대량 생산을 하지 않고 옛 제조법과 도구를 계승해 친족과 지역 사람들 모두 즐길 수 있는 와인을 꾸준히 만든다. 공업적, 상업적인 방향을 지양하며 산지에서 소중한 일상의 식탁에 어울리는 와인을 제조하는 모습이 팬을 매료한다. (오키)

설립 / 2015년
추천 와인 / 오가와쇼코시小川小公子 2020
포도 품종 / 쇼코시

주력 품종인 쇼코시만을 사용해 토착 효모로 발효한다. 진한 과실감과 야생미 넘치는 상큼한 산미가 특징이다.

설립 / 1938년
추천 와인 / 델라웨어Delaware
포도 품종 / 델라웨어Delaware

포도를 분쇄해 짜서 발효시킨 뒤 목제 압축기로 압출하는 방식으로 만들기 때문에 오렌지색을 띤다.

013
도쿄
TOKYO

도쿄와이너리東京ワイナリー
📍 도쿄도 네리마구 오이즈마가쿠엔초 2-8-7
🔗 www.wine.tokyo.jp

014
가나가와
KANAGAWA

요코하마와이너리橫濱ワイナリー
📍 가나가와현 요코하마시 나카구 신야마시타
1-3-12
🔗 yokohamawinery.com

도쿄에도 도쿄다운 농업이 있다 도쿄의 포도 농가는 농장을 크게 조성하기 어렵다. 그래서 이나기稻城의 다카오高尾, 구니타치国立의 왕머루山ぶどう, 네리마練馬의 나이아가라ナイアガラ 등 소량 다품종으로 생산하는 작은 농장이 흩어져 있다. 도쿄와이너리의 에치고야 미와越後屋美和 씨는 각 생산자를 찾아다니며 재배와 수확에 관여하면서 도쿄의 포도와 와인의 풍경을 사람들에게 전한다. (아이마)

요코하마의 포도만을 고집, 요코하마라서 가능한 도시형 와이너리가 목표다 아오모리, 이와테, 야마가타, 나가노 등 각 지역 생산자의 포도를 원료로 와인 제조를 시작했다. 이후 2020년 요코하마에서 나만의 포도나무를 갖는 '모종 오너 제도苗オーナー制度'를 도입해 포도 재배를 시작했다. 요코하마에서 생산되는 원재료로 요코하마에서 주조하는 요코하마 와인을 제조하는 것이 목표다. 전동 오토바이를 활용한 택배와 재활용 가능 공병 회수의 시험 운용도 실시하는 도시형 와이너리다. (오키)

설립 / 2014년
추천 와인 / 도쿄와인東京ワイン 다카오로제高尾ロゼ
포도 품종 / 다카오高尾

도쿄의 품종인 다카오만을 사용해 주조하기 때문에 드라이한 맛이 강하다.

설립 / 2017년
추천 와인 / SAUVIGNON BLANC 2021
포도 품종 / 소비뇽 블랑Sauvignon Blanc

요코하마에서 아즈미노安曇野로 이주한 부부가 키우는 포도를 사용한다. 감귤계열의 날카로운 산미와 꽃밭과 같은 달콤한 꿀 향기가 특징이다.

015
니가타
NIIGATA

CAVE D'OCCI WINERY
📍 니가타현 니가타시 니시칸구 가쿠다하마 1661
🌐 www.docci.com

016
도야마
TOYAMA

SAYS FARM
📍 도야마현 히미시 요카와 기타야마 238
🌐 saysfarm.com

소나무 숲에 둘러싸인 모래밭에 새로운 와인 해안을 시작하다
해변 모래밭이 연상되는 지역에 와이너리를 시작한 일은 마치 사막에 나무를 심는 것과 마찬가지라고 여겨질 정도였다. 와인 투어리즘의 선구자로서 와이너리, 레스토랑, 숙박, 스파 등이 한 곳에 모인 와인 해변 구상을 제안했으며, 2022년에는 와이너리도 5곳으로 늘었다. 포도나무가 소나무 숲 안에 새로운 풍경을 자아낸다. (아이마)

어업의 마을 히미氷見에서 탄생해 어업과 병행하며 와인을 제조하는 와이너리 도야마의 신선한 생선과 어울리는 와인을 지역에서 생산하고자 생선도매상인 '쓰리야 우오돈야釣屋魚問屋'에서 시작한 와이너리다. 도야마만富山湾에서 바람이 불어오는 언덕에 와이너리, 레스토랑, 숙박시설을 갖추어 히미의 새로운 산 풍경을 만들며, 바람과 땅, 그 지역에 쏟아지는 햇살을 듬뿍 받은 강한 와인을 빚기 시작했다. (아이마)

설립 / 1992년
추천 와인 / 세이블SABLE 레드 2021
포도 품종 / 카베르네 소비뇽Cabernet Sauvignon,
메를로Merlot, 프티 베르도Petit Verdot

'세이블'은 프랑스어로 '모래'를 의미한다. 여러 품종을 조합해 복잡한 맛과 깊이를 더한다.

설립 / 2007년
추천 와인 / SAYS FARM private reserve
Chardonnay 2020
포도 품종 / 샤르도네

포도를 석회계 이암토양에서 재배하기 때문에 미네랄을 더욱 깊게 느낄 수 있다. 특히 어패류 요리와 궁합이 좋다.

017
이시카와
ISHIKAWA

하이디와이너리 ハイディワイナリー
📍 이시카와현 와지마시 몬젠마치 센다이 31-21-1
🌐 heidee-winery.jp

018
후쿠이
FUKUI

하쿠산와이너리白山ワイナリー
📍 후쿠이현 오노시 오치아이 2-24
🌐 www.yamabudou.co.jp

와인 만들기를 축으로 풍토가 느껴지는 마을 활성화가 목표인 와이너리 대표 고사쿠 마사키高作正樹 씨는 스위스 유학 당시 사람들이 그 지역에서만 마실 수 있는 와인과 요리를 즐기는 모습을 직접 목격하고 돌아왔다. 그리고 아버지의 고향에서 풍토와 식문화 등의 자원을 살려 와인 제조를 축으로 마을을 활성화하고자 포도를 심었다. 고사쿠 씨의 마음에 공감해 모인 사람들과 이 마을을 키우고 미래로 연결한다. (오키)

자생하던 과실이 중심이 되어 자연과 사람이 와인으로 연결되고 지역의 문화를 키운다 이 지역에서 몇천 년이나 자생한 왕머루는 자양 강장 등으로 지역에서 활용되었다. 재배 면적을 늘리는 일은 어디까지나 자생하는 왕머루나 교배품종을 늘리는 위한 것. 그 지역에 뿌리내려 이어온 DNA를 소중하게 지키고 키워 자연과 사람이 엮어가는 풍경을 만든다. (아이마)

설립 / 2011년
추천 와인 / 소조큐베 메모리얼相承キュヴェメモリアル
2020 화이트
포도 품종 / 세미용 Semillon**, 알바리뇨**Albarino

2013년에 조동종曹洞宗 대본산大本山 소지절總持寺 조원祖院 승려들이 포도 묘목의 식수 작업을 도우면서 탄생했다.

설립 / 2000년
추천 와인 / Andosols 쇼코시 레드
포도 품종 / 쇼코시(산머루 교배 품종)

우아한 향기, 산머루의 혈통이 느껴지는 적당한 산미, 풍부한 과실 맛이 특징이다. 레드와인으로 졸인 고기 요리나 포획한 야생동물로 만드는 지비에요리 등에도 추천한다.

019

야마나시
YAMANASHI

기잔양주공업樽山洋酒工業
⚲ 야마나시현 고슈시 엔잔 밋카이치바 3313
🔲 kizan.co.jp

020

나가노
NAGANO

뤼뒤방リュードヴァン
⚲ 나가노현 도미시 네쓰 405
🔲 ruedevin.jp

자립 농가의 와인 만들기. 와인투어리즘의 시작에 관여해 와인 산지의 자세에 대해 고민한다   자신들의 밭에서 재배한 포도와 지역에서 생산된 포도만을 사용하고 제품 종류를 한정해 스파클링 와인에서 브랜디까지 부부가 함께 만든다. 와이너리가 많은 야마나시에서 와인 산지의 근본을 지키며 '일상의 와인'을 만드는 위대한 와이너리다. (오키)

사과밭을 포도밭으로. 도미시東御市에 탄생한 와인 특구   관광지인 가루이자와와 우에다上田 사이에 위치해 최근에는 이주자도 늘어나고 있는 도미시. 후계자가 없어 휴경지가 되었던 사과 등 과수원을 다시 개척해 포도밭으로 만들었다. '와인거리'를 의미하는 '뤼뒤방Rue de Vin'이 도미시에 탄생할 날도 멀지 않았다. (아이마)

설립 / 1930년
추천 와인 / 기잔와인 화이트 2020
포도 품종 / 고슈종甲州種

일본 고유 품종인 고슈종만 사용한 드라이한 미디엄 보디. 특히 된장이나 간장을 사용한 요리와 궁합이 좋다.

설립 / 2008년
추천 와인 / 뤼뒤방 샤르도네 2021 콜린 도르Colline d'Or
포도 품종 / 샤르도네

자사 재배 샤르도네로 만든 드라이한 맛의 화이트 와인이다. 말로락틱malo-lactic 발효로 부드러운 산미가 맛에 깊이와 풍성함을 더한다.

021
기후
GIFU

나가라천연와인주조長良天然ワイン醸造
⚲ 기후현 기후시 나가라 시다미 106

022
시즈오카
SHIZUOKA

나카이즈와이너리 샤토中伊豆ワイナリー シャトー **T.S**
⚲ 시즈오카현 이즈시 시모시라이와 1433-27
🌐 www.shidax.co.jp/winery

시대의 변화에 맞춘 사업 전환. 일본술도가였기에 가능한 와인을 만든다   일본술도가에서 와인 주조장으로 변신. 창업 당시의 일본술 제조 도구까지 활용해 자사 밭과 현 안의 포도로 누보를 주조한다. 포도의 효모와 일본술도가에 붙은 효모로 탄생하는 술은 새로운 일본 문화로서 전통과 혁신으로 연결될 가능성이 품고 있다. (오키)

이즈산伊豆山 산기슭의 자연을 활용한 일본의 와인 리조트   창설자인 시다 쓰토무志太勤 씨의 굳건한 사고와 그것을 잇는 생산자가 노력과 연구를 지속해 와인을 만든다. 관광지 이즈의 입지와 자사 사업을 살려 와인을 중심으로 레스토랑과 승마, 웨딩 사업 등도 전개해 사람들이 모이는 장소를 제공한다. 지역 주민에게도, 관광객에게도 열린 와이너리다. (오키)

설립 / 1930년
추천 와인 / 천연포도주 Le Bois 드라이 화이트
포도 품종 / 델라웨어

당도가 높은 델라웨어의 과즙과 포도 자체의 천연 효모균으로 자연 발효해 주조한 드라이 와인.

설립 / 2000년
추천 와인 / 이즈샤르도네 2021
포도 품종 / 샤르도네

자사 밭에서 자라는 포도를 나무통에서 발효 및 숙성한 드라이 화이트 와인. 나무통과 트로피컬 프루트, 꿀과 같은 향이 난다.

아이치
AICHI

아즈카에아즈코アズッカ エ アズッコ
바람의 언덕 와이너리風の丘のワイナリー
📍 아이치현 도요타시 다이헤이초 나나마가리 12-691
🌐 azu-azu.sakura.ne.jp

미에
MIE

구니쓰과실주조장國津果實酒釀造所
📍 미에현 나바리시 가미야 1866
🌐 kunitsu-wine.com

지역 주민 누구나 '이 땅의 자랑'이라고 말한다. 풍토와 생물의 공존에서 느껴지는 아이치의 자연의 맛 '우리는 이 땅에 나중에 온 존재'라고 말하며, 풍토와 생물을 받아들이고 받아들여지면서 포도와 함께 뿌리를 내리고 시간을 들여 와이너리를 개설했다. 와인 라벨에는 생산자가 그해의 포도와 대화하는 모습이 연상되는 표현이 담긴다. 연결하는 일, 그 기초를 키우는 일을 사고하는 조용하고 정열적인 와이너리다. (오키)

농가에 열려 있는 위탁 주조장. 농가별 와인이 일반화가 될 미래를 느낀다 주조장이 자리하고 있는 나바리시名張市도 포도 산지다. 대표인 나카코 도모노리中子具紀 씨도 직접 포도 재배에서 주조까지 맡고 있으며, 주변 농가(인접 현에서 들어오는 위탁도 많다)에서 들여오는 포도의 위탁 주조도 적극적으로 수용하고 있다. 농가별, 포도밭별 떼루아 와인이 일상이 되는 날도 멀지 않았다. (아이마)

설립 / 2006년
추천 와인 / 오카미노수프만테オオカミのスプマンテ
In Bocca al Lupo!
포도 품종 / 샤르도네 외

'In Bocca al Lupo!(당신에게 행복이 있기를!)'는 이탈리아의 동료들이 선사한 말.

설립 / 2018년
추천 와인 / Tsuchiya Blanc
포도 품종 / 샤르도네

신선한 산미와 균형 잡힌 당도가 적당하고 좋은 맛을 느끼게 한다. 레몬, 파인애플, 민트 등 과일 향이 풍성하면서 산뜻한 향이 퍼진다.

시가
SHIGA

히토미와이너리ヒトミワイナリー
📍 시가현 히가시오우미시 야마가미초 2083
🔗 www.nigoriwine.jp

교토
KYOTO

단바와인丹波ワイン
📍 교토부 후나이군 교탄바초 오타 도리이노 96
🔗 www.tambawine.co.jp

일본 포도의 소박한 맛을 무여과와 야생 효모로 표현　무여과無濾過인 '니고리와인にごりワイン'의 존재를 일본에 정착시키고, 현 내의 포도 농가별로 발효조醱酵槽를 나누는 일에도 일찍부터 힘썼다. 실험적인 와인을 풍성하게 제조하며 그 누구도 떠올리지 못할 자유로운 사고를 제시하는 와이너리다. 농가도 와이너리도 '더 자유로워도 된다'며 몸소 보여주는 존재다. (아이마)

역사 깊은 교토에서 다종다양한 포도 품종을 키우고 일본요리 문화와 와인의 관계성을 개척한다　약 40년 전 지역 관광농원의 협력을 얻어 설립한 이래, 지금은 전국에서 문의할 정도로 많은 포도 품종을 재배하는 와이너리로 성장했다. 환경 부하를 경감하고, 어떻게 하면 재배와 주조를 창의성 있게 할 수 있을지 고민하며 새로운 일에 도전한다. 일본 문화의 중심지에서 일본 요리와의 궁합을 깊게 파고든 와인을 추구한다. (오키)

설립 / 1991년
추천 와인 / 자사 밭 생산 레드 2021
포도 품종 / 머스캣 베리 A, 메를로, 카베르네 산토리
Cabernet Suntory

자사 농원에서 재배한 포도를 나무통에서 숙성한다. 과실 맛과 함께 다양한 미생물의 활동이 빚어내는 복잡한 향과 맛을 즐길 수 있다.

설립 / 1979년
추천 와인 / 데구미てぐみ 화이트
포도 품종 / 델라웨어

산화방지제 무첨가, 무여과의 드라이 스파클링 와인. 효모의 향기에 수제 맥주와 같은 맛이 난다.

027
오사카
OSAKA

시마노우치후지마루주조소之内フジマル醸造所
오사카부 오사카시 주오구 시마노우치
1-1-14 1층
www.papilles.net

028
효고
HYOGO

고베와이너리神戸ワイナリー
효고현 고베시 니시구 오시베다니초 다카와 1557-1
kobewinery.or.jp

도시와의 소통이 이루어지는 주류 판매점 문화에 앞장선 와이너리 오사카부가 포도 산지라고 하면 놀라는 사람이 많은데 그 역사는 자못 오래되었다. 농업과 상업을 포함해 오사카의 매력을 이곳만큼 자연스러운 맛으로 표현하는 곳도 매우 드물다. 와이너리이자 동네 주류 판매점으로, 지역에서 생활하는 가치를 새삼 느끼게 해준다. (아이마)

항구도시 고베가 지닌 기후풍토를 살린 또 다른 농업의 얼굴 1983년부터 제조를 시작했으며, 자사 밭과 고베 시내 계약 농가에서 수확한 포도만을 사용해 'Made in KOBE' 와인을 만든다. 북으로는 산, 남으로는 바다가 보이고 온난하며 일조 시간이 긴 고베다운 환경을 살려 만드는 와인이 항구도시 고베의 새로운 얼굴이 되고 있다. (아이마)

설립 / 2013년
추천 와인 / CUVEE PAPILLES 델라웨어
병 숙성 2021
포도 품종 / 델라웨어

자사 밭에서 키운 델라웨어로 와인을 빚어, 점토로 만들어 구운 병에서 숙성한다. 감귤 계열의 향기를 남겨 과즙이 풍부한 산과 편안한 타닌이 특징이다.

설립 / 1984년
추천 와인 / 베네디크시옹 루즈 Bénédiction Rouge 2019
포도 품종 / 카베르네 소비뇽, 메를로

시내에 흩어져 있는 밭 가운데 가장 수준 높은 밭의 포도를 사용해 통에서 숙성한다. 고기 요리와 궁합이 특히 좋다.

029
나라
NARA

기타니와인木谷ワイン
📍 나라현 가시바시 하타 4-660-1
🔗 narawine.com

030
와카야마
WAKAYAMA

와카야마와이너리和歌山ワイナリー
📍 와카야마현 아리다군 아리다가와초 가이구라 50-10
🔗 www.wakayama-wine.jp

태어나 자란 나라의 풍토를 와인으로 표현하기 위해 포도 재배나 와인 만드는 일을 돕고 싶다는 생각이 들 정도로 마음이 가는 와이너리가 있다. 생산자가 자신이 나고 자란 풍토를 와인으로 표현하기 위해 포도 재배를 시작한 '기타니와인'도 그런 곳이다. 포도 재배와 와인 주조에서 생기는 시행착오뿐 아니라 지역의 농업이 지속될 수 있는 활동까지 수고를 마다하지 않고 즐기면서 실천한다. (오키)

귤에서 포도로. 와카야마의 식문화가 될 와인 주조가 목표 와카야마라고 하면 역시 귤이다. 버려진 귤밭을 활용해 유럽품종인 메를로를 심어 주조를 시작했으며, 2021년에는 밭을 확장해 화이트 와인용 포도 품종을 중심으로 심었다. 천연 효모와 무여과로 주조하는 와인이 와카야마의 풍성한 식재료와 잘 어울려 와카야마에 맞는 식문화를 제안한다. (아이마)

설립 / 2022년
추천 와인 / Petit Karindo Blanc 2022
포도 품종 / 델라웨어

오사카부 가시와라시柏原市에서 농약을 최소한으로 사용해 초생재배로 키운 델라웨어종을 3개월 동안 장기 발효해 만든다.

설립 / 2014년
추천 와인 / 와和 Merlot
포도 품종 / 메를로

자사 재배 포도만을 사용해 천연 효모로 발효. 풋풋함이 남아 있는 과실 맛, 산미, 향기의 여운을 느낄 수 있다.

031
돗토리
TOTTORI

호조와인주조소北条ワイン醸造所
📍 돗토리현 도하쿠군 호쿠에이초 마쓰가미 608
🌐 hojyowine.jp

032
시마네
SHIMANE

오쿠이즈모포도원奥出雲葡萄園
📍 시마네현 운난시 기스키초 지료 2273-1
🌐 okuizumo.com

에도시대부터 이어온 포도 재배의 산지. 사구 농업의 지혜와 기술을 차세대로 잇는다 1944년 창업해, 역사가 긴 와이너리다. 모래 언덕을 뜻하는 사구는 물 빠짐이 좋고 햇볕 반사가 강해 낮과 밤의 온도차가 크다. 이 지역만의 기후풍토에서 자란 품질 좋은 포도의 개성을 살려 와인을 만든다. 에도시대부터 포도 재배가 이루어진 지역으로, 조상들이 해온 사구 농업의 지혜와 기술을 계승해 다음 세대로 연결한다. (오키)

안심하고 먹을 수 있는 먹거리를 고민해 직접 만들어 유통하는 자치적 식환경 만들기 포도나무에 두 마리 새가 그려진 로고에는 '자연과 공생하고 지역과 공존한다'라는 와이너리의 사고가 담겼다. 일본에서 처음으로 저온살균공법 우유를 제조 판매한 기스키유업木次乳業과 지역 유지가 왕머루 나무를 심으면서 지역의 식환경과 와인 만들기가 시작되었다. (아이마)

설립 / 1944년
추천 와인 / 사큐砂丘 레드
포도 품종 / 카베르네 소비뇽

나무통의 향기, 떫은맛과 산미의 균형이 좋다. 방어 데리야키나 돼지고기 생강구이 등과 어울린다.

설립 / 1990년
추천 와인 / 오쿠이즈모와인奥出雲ワイン 샤르도네 2022
포도 품종 / 샤르도네

오쿠이즈모奥出雲에서 키운 샤르도네로 정성 들여 만든 드라이 화이트 와인. 감귤류나 허브, 나무통의 향기를 즐길 수 있다.

오카야마
OKAYAMA

domaine tetta
📍 오카야마현 니미시 뎃타초 야토 3136
🔗 tetta.jp

히로시마
HIROSHIMA

히로시마미요시와이너리広島三次ワイナリー
📍 히로시마현 미요시시 히가시사케야마치
10445-3
🔗 www.miyoshi-winery.co.jp

세련된 공간에서 와인과 포도밭의 경치를 즐길 수 있는 장소를 만들어 교류를 탄생시킨다   방치되었던 생식용 포도밭을 활용해 와인용 포도를 재배한다 와이너리에는 와인 매장, 카페도 있어 포도밭을 바라보면서 새가 지저귀는 소리나 바람 소리를 들으며 와인과 관련된 모든 것을 생생하게 즐길 수 있다. 와인은 일본 전국에서 판매되는데 최근에는 유럽과 미국에도 수출을 시작해 거대한 시장에 도전하고 있다. (아이마)

농가와 주조가가 만들어내는 열정적인 대화가 지역의 신뢰를 착실하게 키워간다   주조가 오타 나오유키太田直幸 씨는 '히로시마 사람들이 자랑으로 여길만한 와인을 만들겠다'라는 신념으로 포도 재배 방법부터 재검토하고, 지역 농가와 부딪혀도 '좋은 와인을 만들려면 좋은 포도가 필요하다'고 꾸준히 전해 신뢰 관계를 쌓았다. '특산물'이 아니라 풍토를 따르면서 해마다 다른 변화를 즐길 수 있는 와인을 만든다. (오키)

설립 / 2016년
추천 와인 / 2021 샤르도네 도르
포도 품종 / 샤르도네

서양배, 황도, 꿀, 콩피튀르 등 달고 숙성한 과실의 향기가 감돈다. 은은한 단맛, 산미, 미네랄이 자아내는 쌉쌀한 맛이 절묘하게 균형을 이룬다.

설립 / 1991년
추천 와인 / TOMOÉ 샤르도네 신게쓰新月 화이트
포도 품종 / 샤르도네

숙성으로 중후하게 완성한 와인. 어패류 아히죠, 전복 볶음, 양갈비lamb chop 등과 궁합이 좋다.

035

야마구치
YAMAGUCHI

Domaine Pinot Livre
◆ 야마구치현 오시마군 스오우오시마초 유라
  232-1
▣ www.domaine-pinot-livre.com

036

도쿠시마
TOKUSHIMA

나탄포도주주조소Natan葡萄酒醸造所
◆ 도쿠시마현 미요시시 이케다초 마치 2187-7
▣ natan.jp

이상을 위해 타협하지 않는 멤버십제 와이너리 이상으로 삼는 '이야기가 가득 담긴 와인'을 만들기 위해 일상생활에 필요한 최소한의 와인을 만들어 최대한의 애정을 쏟는다. 그해 생산된 포도의 개성을 끌어내기 위해 정해진 레시피 없이 가능성을 확장한다. 생산자와 이를 따뜻하게 지켜보는 사용자가 함께 걸어가는 공통체가 되어 매년 이야기를 엮어가는 새로운 형태의 와이너리다. (오키)

유휴 농지를 활용해 미요시三好에 새로운 포도 산업을 만들어낸다 포도 재배, 와인 위탁 주조를 거쳐 2021년에 주조소를 설립했다. 포도가 전혀 재배되지 않던 미요시의 땅에 새로운 산업을 탄생시켰다. 시코쿠四国 지역에서 재배되는 계약 농가의 포도도 활용해 지역에서 빚어내는 와인의 맛을 모색하면서 미요시의 풍경을 만들고 시코쿠의 와인을 전한다. (아이마)

설립 / 2018년
추천 와인 / Domaine Pinot Livre 2021
나무통 숙성
포도 품종 / 야마 소비뇽ヤマ・ソービニオン

숙성 정도를 확인하며 16일에 걸쳐 수확한 자사 농원의 포도를 전부 발효해 12개월 동안 통에 저장한다. 편안하고 복잡한 향미가 감도는 와인이다.

설립 / 2021년
추천 와인 / HENMI
포도 품종 / 야마 소비뇽

자사 밭에서 첫 수확한 포도로 주조한다. 풋풋하고 신선한 과실 맛이 고기 요리와 어울린다.

가가와
KAGAWA

사누키와이너리さぬきワイナリー
- 가가와현 사누키시 오다 2671-13
- www.sanuki-wine.jp

에히메
EHIME

오미시마민나노와이너리大三島みんなのワイナリー
- 에히메현 이마바리시 오미시마초 미야우라 5562
  오미시마민나노이에
- www.ohmishimawine.com

산학협동, 지역 일체가 되어 미래로 연결하는 와인 만들기   제1 섹터인 공공과 제2섹터인 민간이 함께 참여해 사업을 추진하는 사업 구조인 제3섹터第三セクター를 통해 사누키시さぬき市에 탄생한 시코쿠 첫 와이너리다. 사누키시와 가가와현에서 재배되는 포도를 중심으로 주조하는데 최근에는 가가와대학교香川大学 농학부가 개발해 현 밖으로 유출이 금지된 포도 품종 '가다이노香大農 R-1'으로 가가와만의 와인도 만든다. 지역과의 공존공영, 자원 재이용을 위해서도 활동한다. (오키)

세토내해瀬戸内海 오미섬大三島에서 섬의 미래를 다 함께 만드는 와이너리   온난한 기후와 햇빛, 나아가 해면에 반사되는 빛까지도 환경 가운데 하나다. 감귤 등의 경작 방치지가 늘어나는 가운데 지역에 모두의 와이너리라는 뜻의 '민나노와이너리みんなのワイナリー'가 탄생한 일은 건축가 이토 도요伊東豊雄 씨라는 존재가 있어 가능했다. 인간의 모든 행위를 밝게 비추는 존재이고 싶다는 이토 씨의 마음이 가득 담긴 와이너리다. (아이마)

설립 / 1988년
추천 와인 / Sauvageonne Savoureuse
포도 품종 / 가다이노 R-1

안토시아닌 함유율이 높은 가가와대학교 오리지널 품종만을 사용한다. 떫은맛이 적고 가볍다.

설립 / 2015년
추천 와인 / 시만카島紅 머스캣 베리 A
포도 품종 / 머스캣 베리 A, 메를로

베리류의 향기가 느껴지는 미디엄 바디. 라벨에는 이토 씨의 일러스트를 사용했다.

039
고치
KOCHI

이노우에와이너리#上ワイナリー
📍 고치현 고난시 노이치초 오타니 1424-31
🔖 www.tosawine.com

040
후쿠오카
FUKUOKA

Studio gogo winery
📍 후쿠오카현 아사쿠라시 미나기 1440-1
🔖 www.studiogogo.net/

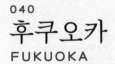

포도 재배 부적격지라는 말에도 굽히지 않고 도전한다. 고치의 향토 맛에 맞는 와인 제조 기업으로서 포도 재배에 참여한 경험을 살리고 포도 재배에 적합한 석회질 토양을 활용해, 가다랑어를 겉만 살짝 익힌 가쓰오 다타키鰹のタタキ 등 어패류 요리를 비롯한 고치의 음식에 맞는 와인 주조를 목표로 한다. 기온이 높고 비와 태풍이 잦아 포도 재배에 부적합하다고 여겨지는 땅에서 지역 주민과 식문화를 잇는 와인 만들기의 새로운 길을 개척한다. (오키)

일본의 지역술과 세계의 와인을 잘 아는 주류 판매점에서 와인 제조 시작 후쿠오카에서 전국의 술을 세심하고 즐겁게 전하는 '도도로키주점とどろき酒店'. 후쿠오카의 와이너리를 통해 위탁 주조를 시작해 농업에 관여하고 자신들의 와이너리까지 설립했다. 해외의 와이너리를 직접 찾아다니며 쌓아온 주류 판매점의 열정이 앞으로 어떤 와인을 만들어낼까? 지역에 밀착한 주류 판매점의 가능성을 확장한다. (아이마)

설립 / 2016년
추천 와인 / TOSA 와인 누보
포도 품종 / 후지노유메富士の夢

메를로 종과 왕머루 교배 품종으로 주조한다.
2021년 10월 3일, 고치현민을 위한 날인 도사의 날 土佐の日에 첫 판매를 시작했다.

설립 / 2021년
추천 와인 / 로제ㅁ世 나나시노베리오名なしのベリオ 2022
포도 품종 / 머스캣 베리 A, 프티 만생Petit Manseng, 알바리뇨Albariño

2022년에는 스테인리스 탱크로 숙성해 로제로 완성했다. 머스캣 베리 A의 달콤한 향을 가볍게 해 식전술에 어울리도록 만들었다.

042
나가사키
NAGASAKI

고토와이너리五島ワイナリー

⚲ 나가사키현 고토시 가미오쓰초 2413

🔖 goto-winery.net

043
구마모토
KUMAMOTO

구마모토와이너리熊本ワイナリー
기쿠카와이너리菊鹿ワイナリー

⚲ 구마모토현 구마모토시 기타구 이즈미초
미쓰즈카 168-17

🔖 www.kumamotowine.co.jp

호텔에서 운영하는 곳으로, 섬이라서 가능한 새로운 지산지소地産地消형 와인투어리즘 섬이라는 제한된 환경에서는 식재료를 산지에서 생산해 산지에서 소비하는 형태가 생활과 역동적으로 직결된다. 고토섬五島 인근에서 잡히는 신선한 생선과 이 섬에서 100퍼센트 생산되는 포도로 주조한 와인이 아주 잘 어울린다. 리조트 호텔이 제안하는 고토섬의 새로운 와인투어리즘의 가능성은 전국의 섬에 좋은 본보기가 될 것이다. (아이마)

비나 태풍이 잦은 구마모토의 땅에 지역 농가와 함께 재배 기술을 축적해 실현한다 '구마모토에서 재배한 포도로 구마모토현 산의 와인을 만들자'라는 마음에서 1999년 주조를 시작했다. 비와 태풍이 잦아 포도 재배에 적합한 지역이라고 할 수 없는 곳이기 때문에 오히려 지역 농가와 함께 재배 기술을 축적했다. 3곳의 농가에서 재배를 시작한 포도는 지금은 자사 밭과 28곳의 계약 농가와 함께 와인을 만든다. (오키)

설립 / 2012년
추천 와인 / 스파클링 와인 캠벨 얼리Campbell early 2022
포도 품종 / 캠벨 얼리

고토산 포도만으로 주조하며 발효에는 '고토 동백 효모'를 사용한다. 신선한 과실 향기와 부드러운 단맛이 일품이다.

설립 / 1999년
추천 와인 / 기쿠카샤르도네菊鹿シャルドネ
포도 품종 / 샤르도네

스테인리스 탱크와 나무통 숙성 와인을 섞어 만든다. 농축된 과실맛과 나무통 숙성의 깊은 맛을 느낄 수 있는 드라이한 화이트 와인.

044
오이타
OITA

아지무포도주공방安心院葡萄酒工房
📍 오이타현 우사시 아지무마치 시모게 798
🌐 www.ajimu-winery.co.jp

045
미야자키
MIYAZAKI

쓰노와이너리都農ワイナリー
📍 미야자키현 고유군 쓰노초 가와키타 14609-20
🌐 tsunowine.com

장인 기질, 연구 기질이 만들어내는 일본인다운 와인 제조
국영 농지개발사업을 계기로 포도 재배를 시작한 아지무마치安
心院町. 2006년에는 마을에서 생산한 포도만으로 자사 재배, 자
사 주조를 실시하는 와이너리를 조성했다. 자신들의 토지에 맞
는 품종을 추구하기 때문에 품종의 선정, 교배 품종의 재배도 실
시한다. 일본인다운 장인 기질로 아지무마치의 땅이 그대로 구
현된 와인을 만든다. (아이마) 😊

한 사람의 꿈이 지역의 꿈이 되어 산지를 일으킨 와인 만들기
지역에서 생산하는 포도 품종 '캠벨 얼리'로 와인을 제조하기 시
작했다. 농가와 협력해 지역의 포도만을 고집하면서 미야자키
만의 와인 제조를 실현해 산지를 지켰다. 비가 잦은 불리한 기후
조건 속에서도 유럽계열 포도의 재배에 도전해 지금은 품질 좋
은 와인으로 국내외에서 높은 평가를 받는다. (오키) 😊

설립 / 2001년
추천 와인 / 아지무 스파클링 와인
포도 품종 / 샤르도네

병 안에서 이루어지는 2차 발효로 섬세한 거품과 산
뜻한 과실 맛, 톡 쏘는 목 넘김을 느낄 수 있다. 어패
류와의 궁합이 좋다.

설립 / 1996년
추천 와인 / 캠벨 얼리 로제
포도 품종 / 캠벨 얼리

신선하고 과일 향이 풍성한 로제 와인이다.
과일이나 디저트는 물론 치킨난반이나 돈지루와도
잘 어울린다.

D&DEPARTMENT D&DEPARTMEN

D&DEPARTMENT
JEJU
ARARIO

178

D&DEPARTMENT STORE LOCATION

D&DEPARTMENT HOKKAIDO
by 3KG
- 홋카이도 삿포로시 주오구 오도리 니시 17-1-7
- +81-11-303-3333
- O-dori Nishi 17-1-7, Chuo-ku, Sapporo, Hokkaido

D&DEPARTMENT FUKUSHIMA
by KORIYAMA CITY
- 후쿠시마현 고리야마시 히우치다 195 JR고리야마역 2층 고리야마관광안내소 안
- +81-24-983-9700
- JR Koriyama Station 2F (Koriyama tourist information center), 195 Hiuchida, Koriyama, Fukushima

D&DEPARTMENT SAITAMA
by PUBLIC DINER
- 사이타마현 구마가야시 고이즈카 4-29 PUBLIC DINER 옥상 테라스
- +81-48-580-7316
- PUBLIC DINER Rooftop Terrace 4-29 Koizuka, Kumagaya, Saitama

D&DEPARTMENT TOKYO
- 도쿄도 세타가야구 오쿠사와 8-3-2 2층
- +81-3-5752-0120
- Okusawa 8-3-2-2F, Setagaya-ku, Tokyo

D&DEPARTMENT TOYAMA
- 도야마현 도야마시 신소가와 4-18 도야마현민회관 1층
- +81-76-471-7791
- Toyama-kenminkaikan 1F, Shinsogawa 4-18, Toyama, Toyama

d news aichi agui
- 아이치현 지타군 아구이초 야타카고탄다 37-2
- +81-569-84-9933
- Yatakagotanda 37-2, Agui-cho, Chita-gun Aichi

D&DEPARTMENT MIE
by VISON
- 미에현 다키군 다키초 비송 672-1 산세바스찬도리 6
- +81-598-67-8570
- 6 Sansebastian-dori, 672-1 Vison, Taki-cho, Taki-gun Mie

D&DEPARTMENT KYOTO
- 교토부 교토시 시모교구 다카쿠라도리 붓코지 사가루 신카이초 397 본산 붓코지 경내
- 숍 +81-75-343-3217
  식당 +81-75-343-3215
- Bukkoji Temple, Takakura-dori Bukkoji Sagaru Shinkai-cho 397, Shimogyo-ku, Kyoto, Kyoto

D&DEPARTMENT KAGOSHIMA
by MARUYA
- 가고시마현 가고시마시 고후쿠마치 6-5 마루야가든스 4층
- +81-99-248-7804
- Maruya gardens 4F, Gofuku-machi 6-5, Kagoshima, Kagoshima

D&DEPARTMENT OKINAWA
by PLAZA 3
- 오키나와현 오키나와시 구보타 3-1-12 프라자하우스 쇼핑센터 2층
- +81-98-894-2112
- PLAZA HOUSE SHOPPING CENTER 2F, 3-1-12 Kubota, Okinawa, Okinawa

D&DEPARTMENT SEOUL
by MILLIMETER MILLIGRAM
- 서울시 용산구 이태원로 240
- 02-795-1520
- Itaewon-ro 240, Yongsan-gu, Seoul, Korea

D&DEPARTMENT JEJU
by ARARIO
- 제주 제주시 탑동로2길 3
- 064-753-9904/9905
- 3, Topdong-ro 2-gil, Jeju-si, Jeju-do, Korea

D&DEPARTMENT HUANGSHAN
by Bishan Crafts Cooperatives
- 안후이성 황산시 이현 벽양진 비산마을
- +86 13339094163
- Bishan Village, Yi County, Huangshan City, Anhui Province, China

d47 MUSEUM / d47 design travel store / d47식당
- 도쿄도 시부야구 시부야 2-21-1 시부야 히카리에 8층
- d47 MUSEUM / d47 design travel store +81-3-6427-2301 d47식당 +81-33-6427-2303
- Shibuya Hikarie 8F, Shibuya 2-21-1, Shibuya, Tokyo

179

신도 히데토

디자인이 있다.

평화의 수만큼

조금 긴 편집장 후기

새삼스럽지만 제주 여행으로 깨닫게 된 점이 있다. 나 자신이 아주 당연하게 '일본의 생활 습관' 속에서 생활하고 일해 왔다는 사실이다. 그리고 그러한 전제가 있었기 때문에 지금까지 'd design travel' 시리즈를 만들 수 있었다고 생각한다. 가령 식사 방법 하나만 해도 한국과 일본은 전혀 다르다. 이외에도 물건을 사는 방식이나 음식점에서의 주문 방법, 교통 규칙을 포함한 자동차 운전 방식, 화장실 사용법까지 한국만의 습관이나 암묵적인 규칙은 모두 처음 경험하는 것투성이였다. 게다가 제주라는 지역에는 '제주말'라는 독자적인 문화도 뿌리내리고 있었기 때문에 벼락치기로 공부한 한국어는 거의 도움이 되지 않았다. 그러니 아무리 각오했다고 해도 처음부터 끝까지 난관이 끊이지 않은 취재였다.

처음 간 제주에는 일본의 지방 이상으로 불안 요소가 많아, 취재 초기에는 지금 당장이라도 일본으로 돌아가고 싶은 심정이었다. 그렇지만 일주일 정도 생활하자 점점 제주가 외국이라는 감각이 무뎌져 제주의 문화가 나라는 일본인의 생활 스타일과 조화되었고(어설프게 제주물이 들었다), 2주 정도 지난 무렵부터는 마치 일본의 지방을 돌아다니는 것과 별 다를 바 없는 감각으로 지냈다.

지금은 제주라고 하면 에메랄드색의 바다와 풍성한 자연이 아름다운 한국 제일의 관광지로 유명하다. 그렇지만 그 아름다움의 이면에는 오랫동안 숨겨져 온 슬픈 역사가 있다. 가는 곳마다 듣고 보았던 '제주 4·3 사건'은 《제주호》를 만드는 데 제대로 이해하지 않으면 안 되는 일이었다. 경거망동하지 않도록 조심하면서 'd design travel'로서 내가 할 수 있는 일이 무엇일지 줄곧 고민했다. 그리고 지

Slightly Long Editorial Notes

By Hideto Shindo

Peace comes in as many forms as design.
One thing my trip to Jeju made me realize is that my work thus far on the "d design travel" series has been premised on a basic knowledge of Japanese culture. I'm familiar with Japanese table manners, for example. But in Korea, the unspoken rules associated with shopping, taxis and buses, toilets—all of these were new to me. And even within Korea, Jeju has its own dialect and culture, meaning my crash course in Hangul was basically useless. Despite all my prep, it was the hardest assignment I'd ever been on.

I had no connection whatsoever to Jeju. In fact, I'd never been to Korea, period. No doubt my image of the place was formed from K-dramas and movies. Going there was much more harrowing than going to the outer reaches of Japan—so much so that as soon as I landed, I wanted to go back home. But after about a week of living there, the sense of

금 여행을 마치고 나서 드는 생각은 하나다. 이 《제주호》가 일본인을 비롯해 많은 한국인, 나아가 전 세계 사람들에게 '평화'가 있는 안온한 사회가 얼마나 멋진 세상인지 새삼 깨닫는 계기가 된다면 더할 나위 없겠다. 전쟁이나 재해, 코로나19 등 수많은 사건이 전 세계 사람들을 혼란에 빠트렸다. 그렇더라도 어떻게든 살아낸다면 그 지역의 생활이 사람들을 위로하고 거기에서 분명 다시 빛을 비추어갈 수 있을 거라고 나는 생각한다. 제주에는 그런 누구나가 예측할 수 없는 미래를 개척하는 '디자인의 힌트'가 수없이 많았다.

서울에 거주하며 약 10년 동안 D&DEPARTMENT를 깊게 이해해 온 이지나 씨. 첫 한국에 미지의 제주, 아무것도 모르는 나로서는 지나 씨가 없었다면 취재는 생각도 할 수 없었을 것이다. 현지 숙소와 식사 관련 문제는 물론, 내가 일본에 돌아간 뒤에도 원격으로 제작을 지원해 주었다. 지나 씨, 정말 고맙습니다. 그리고 d 제주점 여러분, d 서울점 여러분, 이 책과 관련된 여러분, 워크숍을 진행한 날로부터 꽤 시간이 흘렀지만, 마지막까지 협력해 주셔서 감사합니다. 일본어의 헨슈초編集長가 아닌 한국어의 '편집장'이라고 불린 그 낯선 호칭까지 지금은 그립다. 여러분과 함께 제주를 여행하고 웃고 고민하고 만든 이 책은 세상에 '롱 라이프 디자인'이 얼마나 중요한지 시사하는 중요한 책이 될 것이다. 그리고 앞으로 더욱더 'd design travel'이 진정한 의미의 '관광 가이드'가 되어갈 것을 목표로 다음 여행을 떠나려고 한다.

foreignness started to fade. It wasn't so much that the people I met were Asians like me. It was that Jeju's culture merged seamlessly with my Japanese way of life. And after two weeks, it felt just like I was on assignment somewhere in Japan.

Today we know Jeju as Korea's crown jewel of tourism, a land of emerald seas and bountiful nature. But underneath that beauty lies a long-hidden and sad history. Making the Jeju issue meant learning the story of the 4.3 Incident, which I heard everywhere I went. I hope this issue can show readers in Japan, Korea, and all over the world how wonderful something as simple as peace can be. In every corner of the earth, countless people are suffering from wars, earthquakes, pandemics, and other disasters. Jeju has much to teach us about how to survive in such an unpredictable world. The Jeju issue is a milestone in showing the world the importance of unique local design, and it's my heartfelt hope that "d design travel" can become a passport to the world in the truest sense.

롱 라이프 디자인회 회원 소개

이름 기재에 동의한 분들만 소개합니다.
※2023년 11월 말까지 입회한 개인 및 법인 회원 중에서

FUTAGAMI

日本デザイン振興会
일본 디자인 진흥회

ドライブディレクション
드라이브디렉션

株式会社東京チェンソーズ
주식회사 도쿄체인소스

デザインモリコネクション
디자인모리커넥션

大地の芸術祭
대지예술제

ダイアテック「BRUNO」
다이아테크「BRUNO」

株式会社キャップライター
주식회사캡라이터

カリモク家具
가리모쿠 가구

亀崎染工有限会社
가메자키센코 유한회사

漆工芸大下香仙株式会社「Classic Ko」
옻공예오시타코센주식회사「Classic Ko」

version zero dot nine

今村製陶「JICON」
이마무라제도「JICON」

외 익명 51명

요코야마 마사요시 / 요시나가 유카리 / 와카마쓰 데쓰야

야마모토 겐지 / 야마모토 후미 / 야마모토 에쓰코 / 야마모토 료 / 요코야마 준코

야와라 사쿠라 / 야마구치 아유코 / 야마코야 야마사키 가오루 / 야마자키 요시키 / 야마쓰기제지소

미야키회계사무소 / meadow_walk / 모노 모노 / 모리우치 아야코 / 모리 미쓰오 / 야에다 가즈시

마루히 고구마말랭이 / 구로사와 가즈요시 / 미우라 게이코 / 미치바 후미카 / 모리 미쓰오 / 마쓰다 나오

후루야 가즈에 / 후루야 유리카 / 주식회사 분부쿠 / 호텔 뉴니시노 / Marc Mailhot / 마쓰다 나오

후지에다 아오 / 후지사와 준코 / 후지와라 신야 / plateau books / FURIKAKE 도쿠마루 나루히토

지쿠사 히로시 / 히로 / Hiroshi Tatebe / fhans-satoshi / POOL INC. 고니시 도시유키 / 후카이시 히데키

하루바루재목소 / 빵의 GORGE / HUMBLE GRAFT / 히가시오 아쓰지 / 히가시지마 미라이 / 히노데야제과

난조 모에미 / 니시야마 가오루 / 바이케쓰도 / 8218;350 하야시구치 사리 / 하라다 마사히로(자가사키 시청)

도쿠라건축설계 / 도모카즈 리에코 / 도리이 다이시 / DRAWING AND MANUAL / 나카무라 료타 / Nabe

쓰무기우타 / 쓰루 히토미 / 쓰루마키바네 / Daiton / DESIGN CLIPS / tetora / DO-EYE-DO

다이타이스튜디오 / 다케하라 아키코 / 작은 정원 / 지사토 / 주식회사 쓰노키치 / 쓰마가타엔

주식회사 스기공장 / 무라누시 요코 / STAN STORE TOKYO / ai] 나카무라 게이고 / 소야마 시게루

시라카와고 야마모토야 야마모토 아이코 / 시라사키 류야 · 시라후지 교코

사토 도모히로 / 사누키가리테마리보존회 / saredo 사레도 / 시바큐 구보 하지메 / JunMomo

주식회사 가에마크 / 사카구치 요시키 / 사카모토 마사후미 / 사가 요시유키 / 사토 쓰요시

고미나토 요시테루 / 고루포건축설계사무소 / COMFORT STYLE Co.,Ltd. / 이마 유키 / 사토 요시

COCOO 마에다 아이아 / 고루커피 / 고토모치 KOTOMOCHI / kobayashi pottery studio

구와하라 센케이 / 구와하라 히로미쓰 / 게노히 후지사키 마미야 / Code for FUKUI

기장양주공업 주식회사 / Cuer Inc. 나카노 유이 / 구니이 아쓰시(히타치나카시청) / 구로노 다케시

가제노모리 / 변호사법인 가타오카종합법률사무소 / 가네코 사쓰키 / 고노 히데키 / 스가노 에쓰코

오지 마사노리 / 유한회사 오타카 / 오야마 요 / 오쿠무사 마르헤 / 까사프로젝트 주식회사

주식회사 INSTOCK / 주식회사 hplus / 에바라 사야카 / mikkdesigns LLC / MT / August Kekulé

잇소커피배전소 / inutaku3 / 이리타 유키에 / 이와미카구라도엔샤추 고가모토 유키히로

아사노 유카(아침부터 밤까지) / 아사미 요스케 / 아즈미 도모에 / 이지마 도시유키 / 이소 겐스케

AHH!! / 알스스튜디오 무라카미 리에 / 아이자와목제공예 / 아사이 유키

D&DEPARTMENT ORIGINAL GOODS

산지의 개성으로 오리지널 제품을 만듭니다.

1. **ARCHIVES Basic** / 40,700엔~ 개성이 넘치는 원단을 써서 수준 높은 직조 기술로 제작한 가방 컬렉션. 2. **d 404 T SHIRT JEJU 돌하르방** / 45,000원 제주도의 상징인 '돌하르방'을 가슴 부분에 디자인으로 넣은 제주점 오리지널 티셔츠. 3. **d 701 VEST** / 19,800엔 수렵에 사용하던 헌팅 베스트를 바탕으로 만든 베스트로, 가운데에 자리한 주머니가 개성 있다. 4. **SLIPPERS FROM LIFESTOCK** / 3,960엔 비슈♯슈♯에서 만드는 울 원단 견본을 재이용해 제작한 오직 하나밖에 없는 슬리퍼. 5. **d 라거** / 7,000원 꽃과 과실 향이 풍성하고 드라이한 제주점 오리지널 맥주. 6. **신발상자 여성용** / 2,090원 D&DEPARTMENT의 로고를 박으로 가공해 넣은 종이 상자. 핑크는 2024년 한정 컬러. 7. **BAG FROM LIFESTOCK SACOCHE M** / 3,410엔~ 산지에서 보관하던 원단으로 제작한 가방. M 사이즈는 'd design travel'이 딱 맞게 들어가는 크기로 여행에 추천한다. 8. **밀짚모자** / 4,730엔 아사쿠사♯♯에서 열리는 축제 산자마쓰리♯♯♯에서 신이 타는 가마 오미코시♯♯♯를 짊어지는 사람이 쓰는 모자를 모티브로 제작한 특별 사양 모자.

문의는 매장 또는 온라인 숍(www.d-department.com)으로 해주세요.

1 FAVORITE 춘자멸치국수 (→p. 086)
📍 제주 서귀포시 표선면 표선동서로 255
☎ 064-787-3124 🕐 8:00~18:00 연중무휴
Chunja Myeolchi Guksu (→p. 086)

2 FAVORITE 호근동 (→p. 086)
📍 제주 제주시 광양10길 17
☎ 064-752-3280 🕐 17:00~26:00 연중무휴
Hogeundong (→p. 086)

 3 FAVORITE 우진해장국 (→p. 086)
📍 제주 제주시 서사로 11
☎ 064-757-3393 🕐 6:00~22:00 연중무휴
Woojin Haejangguk (→p. 086)

4 FAVORITE 목화휴게소 (→p. 086)
📍 제주 서귀포시 성산읍 해맞이해안로 2526
☎ 064-782-2077 🕐 11:30~18:00 수요일 휴무
Mokhwa Rest Area (→p. 086)

 5 FAVORITE 종달리엔심야식당 (→p. 086)
📍 제주 제주시 구좌읍 종달로7길 15
☎ 010-4470-5768
🕐 18:00~23:00 수요일 휴무
Jongdalrien Late Night Diner (→p. 086)

 6 FAVORITE 한라산아래첫마을 (→p. 086)
📍 제주 서귀포시 안덕면 산록남로 675
☎ 064-792-8259
🕐 10:30~18:20(15:00~16:00 휴식 시간) 월요일 휴무
The first village under Hallasan Mountain
(→p. 086)

 7 FAVORITE 오복떡집 (→p. 086)
📍 제주 제주시 동문로2길 10
☎ 064-753-4641 🕐 8:00~20:00 매주 수요일 휴무
Obok Rice Cake Hous (→p. 086)

 8 FAVORITE 커피템플 (→p. 086)
📍 제주 제주시 영평길 269
☎ 070-8806-8051 🕐 9:00~18:00 연중무휴
Coffee Temple (→p. 086)

9 FAVORITE 덕성원 본점 (→p. 086)
📍 제주 서귀포시 태평로401번길 4
☎ 064-762-2402
🕐 11:00~21:00(라스트 오더 20:20)
둘째 주 화요일 휴무, 구정 및 추석 휴무
Deogseong-Won Main Restaurant (→p. 086)

10 FAVORITE 파시랑 (→p. 086)
📍 제주 서귀포시 태평로 415
☎ 064-733-8125 🕐 11:00~20:00 수요일 휴무
Pasirang (→p. 086)

 11 FAVORITE 백록집 (→p. 086)
📍 제주 제주시 조천읍 함덕로 24
☎ 010-2861-6007 🕐 17:00~23:00 화요일 휴무
Baeglogjib (→p. 086)

---

1 아라리오뮤지엄 탑동시네마 (→p. 074)
📍 제주 제주시 탑동로 14
☎ 064-720-8201 🕐 10:00~19:00 월요일 휴관
ARARIO MUSEUM TAPDONG CINEMA
(→p. 074)

2 아라리오뮤지엄 동문모텔 1 (→p. 074)
📍 제주 제주시 산지로 37-5
☎ 064-720-8202 🕐 10:00~19:00 월요일 휴관
ARARIO MUSEUM DONGMUN MOTEL 1
(→p. 074)

3 아라리오뮤지엄 동문모텔 2 (→p. 074)
📍 제주 제주시 산지로 23
☎ 064-720-8203 🕐 10:00~19:00 월요일 휴관
ARARIO MUSEUM DONGMUN MOTEL 2
(→p. 074)

4 국립제주박물관 (→p. 074)
📍 제주 제주시 일주동로 17
☎ 064-720-8000 🕐 9:00~18:00 월요일 휴관
Jeju National Museum (→p. 074)

5 제주돌문화공원 (→p. 074)
📍 제주 제주시 조천읍 남조로 2023
☎ 064-710-7732
🕐 9:00~18:00(입장은 17:00까지)
월요일 휴무(공휴일 영업, 익일 휴무),
신정·구정·추석 당일 휴무
Jeju Stone Park (→p. 074)

6 삼성혈 (→p. 074)
📍 제주 제주시 삼성로 22
☎ 064-722-3315 🕐 9:00~18:00
(1월 1일, 구정, 추석 10:00~18:00/
입장은 17:30까지)
Samsunghyeol (→p. 074)

7 한라도서관 (→p. 074)
📍 제주 제주시 오남로 221
☎ 064-710-8666
🕐 월요일~목요일 9:00~22:00
주말 및 공휴일 9:00~18:00 금요일 휴관
Hanlla Library (→p. 074)

 8 제주동문시장 (→p. 074)
📍 제주 제주시 관덕로14길 20
☎ 045-661-2040 🕐 8:00~21:00 연중무휴
Jeju Dongmun Market (→p. 074)

 9 산도록 (→p. 074)
📍 제주 제주시 귀아랑2길 20
☎ 0507-1323-6342
🕐 10:00~15:00 예약 필수
SANDOROK (→p. 074)

 10 이꼬이 (→p. 074)
📍 제주 제주시 중앙로5길 18
☎ 070-8239-9408
🛏 1박 2일 1명 110,000원부터
여성 혹은 여성이 있는 가족 한정
IKKOI (→p. 074)

11 풀고레 (→p. 074)
📍 제주 제주시 칠성로길 41
☎ 0507-1443-1660 🕐 17:00~23:00
(라스트 오더 22:00) 일요일, 월요일 휴무
Pulgole (→p. 074)

---

12 르부이부이 (→p. 074)
📍 제주 제주시 사라봉7길 32
☎ 0507-1315-4732 🕐 17:30~22:30
일요일, 월요일 휴무
Le boui boui (→p. 074)

13 커피동굴_플랜트 (→p. 074)
📍 제주 제주시 사라봉길 5 2층
☎ 010-3154-5239 🕐 10:00~17:00
일요일, 월요일 휴무
coffee donggul_plant (→p. 074)

14 만춘서점 (→p. 074)
📍 제주 제주시 조천읍 함덕로 9
☎ 064-784-6137 🕐 11:00~18:00 연중무휴
Bookstore Manchun (→p. 074)

15 카페 세바 (→p. 074)
📍 제주 제주시 조천읍 선흘동2길 20-7
☎ 010-5363-1230 🕐 11:00~18:00 비정기 휴무
Cafe Seba (→p. 074)

16 맥파이 브루어리 & 탭룸 (→p. 074)
📍 제주 제주시 동회천1길 23
☎ 0507-1383-0227
🕐 수~금요일 12:00~20:00(라스트 오더 21:00)
주말 12:00~21:00(라스트 오더 20:00)
첫 번째 주 수요일 휴무(변동 있음)
Magpie Brewery & Taproom (→p. 074)

17 제주현대미술관 (→p. 074)
📍 제주 제주시 한경면 저지14길 35
☎ 064-710-7801 🕐 9:00~18:00 월요일 휴관
Jeju Museum of Contemporary Art (→p. 074)

18 제주공예박물관 (→p. 074)
📍 제주 제주시 한경면 저지14길 36
☎ 064-772-4280
🕐 10:00~18:00(입장은 17:30까지)
월요일 휴무, 신정·구정·추석 연휴 휴관
Jeju Craft Museum (→p. 074)

19 제주도립김창열미술관 (→p. 074)
📍 제주 제주시 한림읍 용금로 883-5
☎ 064-710-4150
🕐 7월~9월 9:00~19:00 10월~6월 9:00~18:00
월요일 휴관(공휴일은 개관, 다음날 휴관),
신정·구정·추석 휴관
KIM TSCHANG-YEUL ART MUSEUM (→p. 074)

20 성이시돌목장 (→p. 074)
📍 제주 제주시 한림읍 산록남로 53
☎ 064-796-0396
St. Isidore Farm (→p. 074)

21 거문오름 (→p. 074)
📍 제주 제주시 조천읍 선교로 569-36
☎ 064-710-8981 🕐 9:00~13:00
예약 필수 화요일 휴무
Geomun Oreum (→p. 074)

22 바코 (→p. 074)
📍 제주 제주시 조천읍 선진길 83
☎ 064-782-6668 🕐 17:30~23:00
월요일, 화요일 휴무
BACCO (→p. 074)

한라산국립공원 (→p. 018)
📍 제주특별자치도 한라산국립공원관리소
    제주 제주시 해안동 1100
☎ 064-713-9950(9951)
🛈 입산 가능 시간은 계절별로 상이
    (당일 탐방이 원칙)
    www.jeju.go.kr/hallasan/index.htm
Mt. Hallasan (→p. 018)
🛈 Entrance times vary depending on the season.
    (In general, same-day exploration is required.)

 김택화미술관 (→p. 020)
📍 제주 제주시 조천읍 신흥로 1
☎ 064-900-9097
🕐 10:00~18:00 목요일 휴무
🛈 kimtekhwa.com
    제주국제공항에서 차로 약 40분
Kim Tek Hwa Museum (→p. 020)
🕐 10:00~17:00 Closed on Thursday
🛈 40 minutes by car from Jeju International Airport

 북촌돌하르방미술관 (→p. 022)
📍 제주 제주시 조천읍 북촌서1길 70
☎ 064-782-0570
🕐 4월~10월 9:00~18:00
    11월~3월 9:00~17:00
    설날, 추석 당일 휴관
🛈 www.instagram.com/dolharbangmuseum_official
    제주국제공항에서 차로 약 40분
Bukchon Dol Harbang Museum (→p. 022)
🕐 9:00~18:00 (9:00~17:00 November to March)
    Closed on Lunar New Year and Chuseok.
🛈 40 minutes by car from Jeju International Airport

 김영갑갤러리 두모악 (→p. 024)
📍 제주 서귀포시 성산읍 삼달로 137
☎ 064-784-9907
🕐 3~6월, 9월, 10월 9:30~18:00
    7월, 8월 9:30~18:30
    11~2월 9:30~17:00
    수요일 휴관, 신정 및 구정, 추석 당일 휴관
🛈 www.dumoak.com
    제주국제공항에서 차로 약 60분
Kim Young Gap Gallery Dumoak (→p. 024)
🕐 9:30~18:00(March to June, September and
    October) 9:30~18:30(July to August)
    9:30~17:00 (November to February)
    Closed on Wednesday, New Year,
    Lunar New Year and Chuseok.
🛈 60 minutes by car from Jeju International Airport

 다소니 (→p. 026)
📍 제주 제주시 오남로6길 24
☎ 064-752-5533
🕐 점심 11:00~15:00
    저녁 17:00~21:00(라스트 오더 20:00)
    매주 일요일 휴무
🛈 제주국제공항에서 차로 약 10분
Dasoni (→p. 026)
🕐 Lunch 11:00~15:00
    Dinner 17:00~21:00 (L.O. 20:00)
    Closed on Sunday
🛈 10 minutes by car from Jeju International Airport

 민트레스토랑 (→p. 028)
📍 제주 서귀포시 성산읍 섭지코지로 93-66
☎ 064-731-7773
🕐 브런치 10:00~11:00
    런치 12:00~15:00
    디너 18:00~21:00(금, 토요일은 18:00~22:00)
    ※예약 필수
🔗 phoenixhnr.co.kr/en/static/jeju/eating/
    mintrestaurant
    제주국제공항에서 차로 약 70분(휘닉스아일랜드
    입구에서 셔틀버스 승차 가능)
Mint Restaurant (→p. 028)
🕐 Brunch: 10:00~11:00   Lunch: 12:00~15:00
    Dinner: 18:00~21:00 (18:00~22:00 Friday and
    Saturday)Reservations required.
🛈 70 minutes by car from Jeju International Airport
    (Shuttle bus available from Phoenix Island
    entrance)

 해녀의부엌 (→p. 030)
📍 제주 제주시 구좌읍 해맞이해안로 2265
☎ 070-5224-1828
🕐 목요일~일요일 12:00, 17:00(1일 2회) 운영
    월요일~수요일 휴무
    사전 예약 필수
🛈 7세 이상부터 입장 가능
    제주국제공항에서 차로 약 80분
Haenyeo's Kitchen (→p. 030)
🕐 From 12:00 and 17:00 (twice a day) Closed on
    Monday to Wednesday   Reservations required.
🛈 Admission for those 7 years and older.
    80 minutes by car from Jeju International Airport

 우도 근고기 (→p. 032)
📍 제주 제주시 북성로 28
☎ 064-758-0330
🕐 17:00~22:00(라스트 오더 20:30) 일요일 휴무
🛈 제주국제공항에서 차로 약 15분
Udo Geun-Gogi (→p. 032)
🕐 17:00~22:00 (L.O. 20:30) Closed on Sunday
🛈 15 minutes by car from Jeju International Airport

 제주숨옹기 담화헌 (→p. 034, 118)
📍 제주 제주시 주르레길 55
☎ 010-9087-2953
🕐 10:00~18:00 월요일 휴무
🛈 www.instagram.com/damhwahun/
    제주국제공항에서 차로 약 30분
Damhwahun (→p. 034, 118)
🕐 10:00~18:00   Closed on Monday
🛈 20 minutes by car from Jeju International Airport

 오설록 티뮤지엄 (→p. 036, 142)
📍 제주 서귀포시 안덕면 신화역사로 15
☎ 064-794-5312
🕐 9:00~18:00(하절기 6~8월 19시까지) 연중무휴
🛈 www.osulloc.com
    제주국제공항에서 차로 약 40분
OSULLOC TEA MUSEUM (→p. 036, 142)
🕐 9:00~18:00 (9:00~19:00 June to August)
🛈 30 minutes by car from Jeju International Airport

 제주시민속오일시장 (→p. 038)
📍 제주 제주시 오일장서길 26
☎ 064-743-5985
🕐 7:00~19:00
    매달 2일, 7일, 12일, 17일, 22일, 27일 개장
🛈 jeju5.market.jeju.kr
    제주국제공항에서 차로 약 10분
Jeju City Traditional Five-Day Market (→p. 038)
🕐 7:00~19:00 Market open on 2nd, 7th, 12th, 17th,
    22nd and 27th of each month
🛈 10 minutes by car from Jeju International Airport

책방 소리소문 (→p. 040)
📍 제주 제주시 한경면 저지동길 8-31
☎ 0507-1320-7461
🕐 목요일~월요일 11:00~18:00
    화요일~수요일 12:00~18:00 연중휴무
🛈 www.instagram.com/sorisomoonbooks
    제주국제공항에서 차로 약 50분
Sorisomoon Books (→p. 040)
🕐 11:00~18:00 Closed on Tuesday and Wednesday
🛈 50 minutes by car from Jeju International Airport

알맞은시간 (→p. 042, 134)
📍 제주 서귀포시 남원읍 신흥앞동산로35번길 2-2
☎ 070-7799-2741
🕐 10:00~18:00 금요일 휴무
🛈 12살 이하, 4인 이상 그룹은 입장 불가
    www.instagram.com/egg_hit_time
    제주국제공항에서 차로 약 60분
Almazen Sigan (→p. 042, 134)
🕐 10:00~18:00 Closed on Friday
🛈 No admission for children under 12 and
    groups of more than 4 persons
    60 minutes by car from Jeju International Airport

베케 (→p. 044)
📍 제주 서귀포시 효돈로 48
☎ 064-794-5312
🕐 9:30~17:30(입장 마감 16:30)
    예약 필수(예약 잔여분 현장 발권 가능)
🛈 www.instagram.com/jeju_veke
    제주국제공항에서 차로 약 70분
VEKE (→p. 044)
🕐 10:00~18:00 Closed on Tuesday
🛈 70 minutes by car from Jeju International Airport

ITAMI JUN MUSEUM (→p.046)
📍 제주 제주시 한림읍 용금로 906-10
☎ 064-745-2678
🕐 10:00–18:00(입장 마감 17:00)
매주 월요일, 1월 1일, 비정기 휴관 예약 필수
📷 영유아 입장 불가
itamijunmuseum.com
제주국제공항에서 차로 약 50분
ITAMI JUN MUSEUM (→p. 046)
🕐 10:00–18:00 (Admission until 17:00) Closed on
Monday and January 1, Other irregular holidays
Reservations required.
🚗 50 minutes by car from Jeju International Airport

 포도호텔 (→p.048)
📍 제주 서귀포시 안덕면 산록남로 863
☎ 064-793-7000
🛏 1박 2일 조식 및 석식 포함 880,000원부터
(2인 이용 시)
podo.thepinx.co.kr
제주국제공항에서 차로 약 50분
PODO Hotel (→p. 048)
🚗 One night with breakfast (per person) from
₩880,000 when two guests in one room.
50 minutes by car from Jeju International Airport

 제주 비안 (→p.050)
📍 제주 제주시 조천읍 중산간동로 1197-16
☎ 010-2052-6982
🛏 1박 2일 조식 포함 140,000원부터
(2인 이용 시) 성수기 확인 필수
www.jejubahn.co.kr
제주국제공항에서 차로 약 40분
JEJU b.ahn (→p. 050)
🚗 One night with breakfast (per person) from
₩140,000 when two guests in one room.
Must be confirmed during high season.
40 minutes by car from Jeju International Airport

 서귀포 KAL 호텔 (→p.052)
📍 제주 서귀포시 칠십리로 242
☎ 064-733-2001
🛏 1박 2일 조식 포함
220,000원부터(2인 이용 시)
www.kalhotel.co.kr/
제주국제공항에서 차로 약 70분
Seogwipo KAL Hotel (→p. 052)
🚗 One night with breakfast (per person) from
₩220,000 when two guests in one room.
70 minutes by car from Jeju International Airport

 플레이스캠프 제주 (→p.054)
📍 제주 서귀포시 성산읍 동류암로 20
☎ 064-766-3000
🛏 1박 2일 조식 불포함 1인 50,000원부터
www.playcegroup.com
제주국제공항에서 차로 약 70분
PLAYCE CAMP JEJU (→p. 054)
🚗 One night with no meal (per person) from ₩50,000.
70 minutes by car from Jeju International Airport

 제주점토도예연구소 김경찬 (→p.056, 118)
Jeju Clay Pottery Lab, Kyungchan Kim
(→p. 056, 118)

 제주올레 서명숙 (→p.058, 105)
📍 제주올레 여행자센터
제주 서귀포시 중정로 22
☎ 064-762-2167
🕐 1층 어멍밥상 점심 11:30–13:00, 저녁 17:00–19:00
식사 외 커피 21시까지
3층 제주올레스테이 체크인 16:00–21:00, 예약 필수
ℹ www.jejuolle.org/trail#/
제주국제공항에서 차로 약 70분
Jeju Olle, Myungsook Suh (→p. 058, 105)
🚗 70 minutes by car from Jeju International Airport

 오두제 정지술 (→p.060, 142)
ℹ odujej.kr
ODUJEJ, Jisol Jung (→p. 060, 142)

 콘텐츠그룹 재주상회 고선영 (→p.062, 065)
📍 제주 서귀포시 안덕면 산방로 380 2층
☎ 064-739-5080
ℹ iiinjeju.com
제주국제공항에서 차로 약 70분
Content Group Talent Company, Sunyoung Koh
(→p. 062, 065)
🚗 70 minutes by car from Jeju International Airport

CONTRIBUTORS

 아이마 유키 Yuki Aima
D&DEPARTMENT
지속하는 것을 먹다つづくをたべる 디렉터
언젠가 제주에서 해녀와 함께 물질하고 싶다.

 이영주 Youngju Lee
만춘서점 대표
제주 함덕에서 작은 책방을 합니다.

 김도마 Doma Kim
조각가, 디자이너, 문화매개자
조각과 디자인 그리고 도시재생사업을
하고 있습니다.

 안도 유키 Yuki Ando
D&DEPARTMENT JEJU 전 매장 스텝
한겨울에 2시간 줄 서서 먹었던
방어회를 잊을 수 없어!

 임훈 Hoon Lim
푸하하크림빵, creamm 셰프
육지에서 태어났지만, 이제는 제주가
고향입니다. 은영이 남편, 영, 해 아빠입니다.

 김형찬 Hyeongchan Kim
금능우체국 직원
제주에서 태어나 자랐으며 아내 그리고
네 아이와 함께 즐겁게 생활하고 있습니다.

 이정은 Jungeun Lee
D&DEPARTMENT JEJU 매장 스텝
제주 서쪽바다에서 저를 찾아보세요.
아주 잠시 출물할 수도.

 우에모토 스나 Suna Uemoto
d47 식당 요리사
제주도와 일본 식문화의 공통점에
관심이 많다.

 김미회 Mihea Kim
아라리오 제주 F&B 디렉터
D&D 제주점의 d 식당을 통해 건강하게
변화하는 로컬 라이프를 스스로 체험하고
있습니다.

 이학원 Hakwon Lee
D&DEPARTMENT JEJU d 식당 스텝
낭만을 좇아 내려온 곳에는 삶이 있었고,
제주가 그랬다!

 에토 다케노리 Takenori Eto
일본어 교열 담당
가능하다면 이 책과 함께
《수프와 이데올로기》를 꼭 보세요.

 김용관 Yongkwan Kim
건축사진가
우리의 아름다운 제주도를 깊은 관점으로
기록해 주시고 전달해 주셔서 고맙습니다.

 이용석 Yongseok Lee
D&DEPARTMENT JEJU d 식당 스텝
알아가고 공부하는 끝이 없는 내 고향
제주의 다양한 매력을 소개하는 데
동참하게 되어 기쁩니다.

 오키 다카유키 Takayuki Oki
일반사단법인 와인투어리즘 /
Four Hearts Cafe
일본 와인은 흥미롭다! 지역의 산업을
통해 새로운 사람의 흐름이 일어나길.

 CASPER Bijarim Khaki Mat
제주 취재 차량
현대자동차에서 렌트한 편집부의 파트너.
일본에서도 타고 싶다!

 이래영 Raeyoung Lee
D&DEPARTMENT JEJU 매장 스텝
제주를 넘어 세계 여행을 꿈꾸고 있습니다.

 가가야 유노 Yuno Kagaya
D&DEPARTMENT JEJU 전 d 식당 스텝
d 제주점에서 워킹홀리데이를 하고
이 책에도 참여해 즐거웠습니다!

 구태은 Taeeun Gu
STILL NEGATIVE CLUB 대표
제주 서귀포에서 커피를 만들며 글을 씁니다.

 이광호 Kwangho Lee
디자이너
제주를 사랑하고, 나의 가족과 이웃을
사랑하는 이광호입니다.

 가도와키 마리나 Marina Kadowaki
D&DEPARTMENT KYOTO
미개척지인 제주.
돌하르방을 만나러 가고 싶다!

 곽명주 Myeongju Kwak
일러스트레이터
제주에서 그림을 그리고 텃밭 정원을
가꿉니다.

 이승연 Seungyeun Lee
화가, 김택화미술문화재단 이사장,
김택화미술관 관장
예술로 제주를 세계에 알리기 위해
일합니다.

 김지완 Jiwan Kim
Businessman
ARARIO의 지속가능한 성장을 도우며
제주에서 D&D JEJU점을 운영합니다.

 고경희 Kyeonghee Ko
D&DEPARTMENT JEJU 매장 스텝
사케 아니면 죽음.

 이선민 Sunmin Lee
CircleTriangleSquare Architects 대표
파도와 함께하면서 언제나 '때(타이밍)'에
대해 생각하게 하는 이 섬이 좋다.

 김송이 Songyi Kim
D&DEPARTMENT SEOUL 점장
'디자인 트래블'의 '디자인'이 무엇인지
깨닫게 된 과정이었습니다.

 사카모토 다이자부로 Daizaburo Sakamoto
산의 수도사
한국의 친구와 제주도에 가고 싶다고
자주 이야기합니다.

시로타니 마미 Mami Shirotani
(주)무사카후마나스ムシカ·フマーナ 대표
국제문화교육 컨설턴트
나라현미이다. 어학을 통해 사람과 사람의
음악을 정돈하는 일에서 보람을 느낍니다.

 하동식 Dongsik Ha
건축기술자
낯선 설렘이 기대되고 즐겁습니다.

 배수열 Suyel Bae
D&DEPARTMENT SEOUL 공동대표
천천히 생각하고 더 명확하게 볼 수
있는 제주가, 더 오래 지속될 수 있는
바탕이 되길 바랍니다.

 진여원 Yeowon Jin
푸른부엌 대표,
(사)대한민국명인회/해녀요리연구분야 명인
해녀들이 채취한 식재료로 만든 요리를
소개할 수 있어 정말 기뻤고 내 일에 보람도
느꼈습니다.

 박유빈 Yubin Park
D&DEPARTMENT JEJU d 식당 스텝
고작 몇 장의 사진으로 남기기에는
벅찬 제주.

 홍미선 Misun Hong
녹음실제주 대표
제주에서 디저트를 만들고
집을 가꿉니다.

 신재민 Jaemin Shin
택시 운전사
제주에 걱정은 버리고,
추억을 가져오세요!

 박소희 Sohee Park
hinok Founder
저랑 같이 제주에 가실래요?

 혼다 나오아키 Naoaki Honda
텐나인커뮤니케이션
첫 해외호가 정말 좋아하는 한국이라니!
제주의 귤을 먹고 싶습니다!

 서승희 Seunghui Seo
D&DEPARTMENT JEJU 전 매장 스텝
제주도 여행을 위해 운전 연습 중.

 박성욱 Sungwook Park
사진가
제주에서 현상소를 운영하며
사진을 찍습니다.

 마쓰자키 노리코 Noriko Matsuzaki
DESIGN CLIPS
제주에는 아직 방문한 적 없지만,
섬만의 풍토가 키운 문화를 접할 수
있는 여행을 하고 싶다.

 서하나 Hana Sur
출판번역가, 출판 편집자
한국어와 일본어의 미묘한 틈새에서
살아갑니다.

 박현정 Hyunjung Park
스나오커피 운영자
자세히 보는 것에서 사랑이 시작된다는
말처럼 제주도를 알게 되고 또 사랑하게
되었다.

 야마자키 유지 Yuji Yamazaki
사진가
둥 굶은 인생

 다카키 다카오 Takao Takaki
공에 후고 대표
부산 건너편에 있는 동네 후쿠오카에서
공예 일을 합니다.

 박봉석 Bongseok Park
GM 기술사
1년간 휴직하고, 가족들과 제주도에서
생활하며 휴양과 힐링을 합니다.

 양인혁 Inhyeok Yang
섬에사는농부
바람 부는 섬에서 바람을 벗 삼아
흙을 일굽니다.

 정인선 Inseon Jung
D&DEPARTMENT JEJU d 식당 스텝
진짜 제주를 만나면 제주를 사랑하지 않을
수 없다! 그럼 우리 산책부터 할까요?

 박민선 Minsun Park
풀게우영 운영자
제주도 귤은 진짜 맛있다.
우리 숙소 귤은 더 맛있다.

 유미영 Miyoung Yu
D&DEPARTMENT SEOUL 공동대표
《제주호》취재 과정을 지켜볼 수 있어
공부가 되었습니다. 취재팀 파이팅!

 전태경 Taekyoung Chun
D&DEPARTMENT JEJU 전 d 식당 스텝
제주 디엔디파트먼트에 놀러오세요!
무료로 행복을 드려요!

 한혜영 Hyeyoung Han
D&DEPARTMENT JEJU d 식당 스텝
아름다운 화산섬 제주의 맛과 멋을
알아가는 재미를 느껴 보세요!

 윤종인 Jongin Yoon
알맞은시간 대표
제주에서 커피를 내리고 놀 궁리를 합니다.

 쓰지이 기후미 Kifumi Tsujii
일러스트레이터
제주의 다양한 모습을 그렸습니다.

 황실문 Silmoon Hwang
D&DEPARTMENT JEJU 매장 스텝
개들과 산책하는 시간이 너무 좋은
요즘입니다.

 요시다 아키라 Yoshida Akira
D&DEPARTMENT PROJECT
첫 해외 특집호가 한국이라고 해서 기쁘고
놀랐다. 다시 방문할 날이 기다려진다!

이지나 Jina Lee
서울 출신으로 서울에서 활동 중. 서점 '콜링 북스' 운영자.
이 책《제주호》를 위해 편집부로 참가했다. 광고 영업도 적극적으로 진행.

지금까지 'd design travel'을 손에 들고 일본을 여행하던 내가 첫 해외판에 참여하게 되어 놀랍다. 책 제작이 국경을 초월해 진행되어 하나의 결과로 세상에 나와 정말 기쁘다. 공개 편집회의부터 시작해 한라산에 올라 남벽분기점을 처음으로 보았을 때의 감격, 귤 메달을 받은 제주감귤마라톤까지! 제주는 나의 '마음의 고향'이 되었다. 협력해 주신 여러분, 감사합니다. 제주의 매력을 이 책과 함께 발견하기를.

와타나베 히사에 Hisae Watanabe
롱 라이프 디자인회 사무국. 사이타마 출신.
늘 d design travel 편집부를 세심하게 지원.

이번에 영화 코너에서 소개한《수프와 이데올로기》를 보고 처음으로 '제주 4·3 사건'을 알게 되었다. 그리고 오랫동안 일본에서 이 사건과 관련된 활동을 해온 분을 통해 사건의 배경에는 일본도 크게 관련되어 있고, 과거의 일이 아니라 지금도 이어지고 있다고 배웠다. 생각지도 못 했는데 다음은《히로시마호》다. 역사를 올바르게 배우는 일이 앞으로의 미래로도 이어진다고 생각한다. 시리즈 첫 해외 특집호가 많은 분에게 닿기를 바란다.

발행인 / Founder
나가오카 겐메이 Kenmei Nagaoka
(D&DEPARTMENT PROJECT)

편집장 / Editor-in-Chief
신도 히데토 Hideto Shindo (D&DEPARTMENT PROJECT)

편집 / Editors
이지나 Jina Lee (Calling Books)
와타나베 히사에 Hisae Watanabe (D&DEPARTMENT PROJECT)
마쓰자키 노리코 Noriko Matsuzaki (design clips)

집필 / Writers
이래영 Raeyoung Lee (D&DEPARTMENT JEJU)
정인선 Inseon Jung (D&DEPARTMENT JEJU)
안도 유키 Yuki Ando
박유빈 Yubin Park
구태은 Taeeun Gu (STILL NEGATIVE CLUB)
이영주 Youngju Lee (Bookstore Manchun)
윤종인 Jongin Yoon (Almazen Sigan)
홍미선 Misun Hong (Melting Room Jeju)
다카키 다카오 Takao Takaki (Foucault)
사카모토 다이자부로 Daizaburo Sakamoto
아이마 유키 Yuki Aima (D&DEPARTMENT PROJECT)
후카사와 나오토 Naoto Fukasawa

디자인 / Designers
가세 지히로 Chihiro Kase (D&DESIGN)
다카하시 게이코 Keiko Takahashi (D&DESIGN)
나가이 리쓰 Ritsu Nagai (D&DESIGN)

촬영 / Photograph
야마자키 유지 Yuji Yamazaki
박성욱 Sungwook Park (STILL NEGATIVE CLUB)

일러스트 / Illustrators
쓰지이 기후미 Kifumi Tsujii
사카모토 다이자부로 Daizaburo Sakamoto

일본어 교열 / Copyediting
에토 다케노리 Takenori Eto

번역 및 교정 / Translation & Copyediting
니콜 림 Nicole Lim
존 바잉턴 John Byington
마쓰모토 유미코 Yumiko Matsumoto
혼다 나오아키 Naoaki Honda
(Ten Nine Communications, Inc.)
서하나 Hana Sur

제작 지원 / Production Support
유니온 맵 Union Map
이용석 Yongseok Lee (d SHOKUDO JEJU)
d47 design travel store
d47 MUSEUM
d47 식당 d47 SHOKUDO
D&DEPARTMENT HOKKAIDO by 3KG
D&DEPARTMENT FUKUSHIMA by KORIYAMA CITY
D&DEPARTMENT SAITAMA by PUBLIC DINER
D&DEPARTMENT TOKYO
D&DEPARTMENT TOYAMA
d news aichi agui
D&DEPARTMENT MIE by VISON
D&DEPARTMENT KYOTO
D&DEPARTMENT KAGOSHIMA by MARUYA
D&DEPARTMENT OKINAWA by PLAZA 3
D&DEPARTMENT SEOUL by MILLIMETER MILLIGRAM
D&DEPARTMENT JEJU by ARARIO
D&DEPARTMENT HUANGSHAN by Bishan Crafts Cooperatives
Drawing and Manual

홍보 / Public Relations
마쓰조에 미쓰코 Mitsuko Matsuzoe (D&DEPARTMENT PROJECT)
시미즈 무쓰미 Mutsumi Shimizu (D&DEPARTMENT PROJECT)

판매 영업 / Publication Sales
다나베 나오코 Naoko Tanabe (D&DEPARTMENT PROJECT)
스가누마 아키코 Akiko Suganuma (D&DEPARTMENT PROJECT)
가와바타 요리코 Yoriko Kawabata (D&DEPARTMENT PROJECT)

표지 협력 / Cover Cooperation
김택화미술관 Kim Tek Hwa Museum

협력 / Cooperation
아라리오 제주 ARARIO JEJU

OTHER ISSUES IN PRINT

HOW TO BUY

'd design travel' 구입 방법은 아래와 같습니다.

오프라인 숍
Offline Stores
· D&DEPARTMENT 각 지점 (매장 정보 p.179)
· 가까운 서점 (전국의 주요 서점에서 판매 중. 재고가 없는 경우 주문하실 수 있습니다.)

온라인 숍
Online Stores
· 밀리미터밀리그람 온라인 숍 🛈 store.mmmg.kr
· D&DEPARTMENT 글로벌 사이트 ⊕ www.ddepartment.com

* 서점 이외에 전국 인테리어 숍, 라이프 스타일 숍, 뮤지엄 숍에서도 판매합니다.
* 가까운 판매점 안내, 재고 문의 등은 D&DEPARTMENT SEOUL 서적 유통 팀으로 연락해 주세요. (☎02-3210-1601 🕐평일 10:00~19:00)

표지 한마디

〈한라산〉 김택화(1993)

제주의 색이라고 하면 누구나 가장 먼저 머리에 떠올리는 것이 자연의 '초록'일 것이다. 한국의 첫 세계자연유산을 필두로 지금도 풍요로운 자연으로 가득한 제주라는 섬은 많은 사람이 동경하는 여행지다. 그런데 실제 비행기 창문으로 제주도를 내려다보았을 때 해안선에 펼쳐지는 현무암의 '검은색'이 인상적이었다. 긴 세월 슬픔과 울분을 견뎌온 제주라는 땅의 강인함은 한라산처럼 자랑스럽고 훌륭했으며 '제주다움'의 상징이기도 했다. 김택화 씨의 그림처럼 목가적이고 멋진 애향심, 그것이 내가 반한 제주의 디자인이었다.

One Note on the Cover

"Mt. Hallasan" (Taekhwa Kim, 1993)

Ask anyone what color they associate with Jeju and they'll say "green." Indeed, the island is full of lush natural treasures. But what actually struck me was the black of volcanic rocks. Mt. Hallasan stands proud, a symbol of the strength of this long-suffering land. Kim's illustration is serene, pastoral, full of love for the land he called home—exactly the kind of Jeju design I fell in love with.

---

d design travel JEJU
디 디자인 트래블 제주
2024년　9월 6일　1판 1쇄 / First printing: September 6, 2024
2024년 10월 23일　1판 2쇄 / Second printing: October 23, 2024

발행처 / Distributor
밀리미터밀리그람 MILLIMETER MILLIGRAM

옮긴이 / Translator
서하나 Hana Sur

펴낸이 / Publishers
유미영 Miyoung Yu
배수열 Suyel Bae

편집 / Editors
김송이 Songyi Kim
박지선 Jisun Park

한글 조판 / Designer
임하영 Hayoung Im

마케팅 / Marketing
김송이 Songyi Kim
신소담 Sodam Shin
이지나 Jina Lee (Calling Books)

인쇄 및 제작 / Printing & Binding
투데이아트 todayart

펴낸곳 / Published by
밀리미터밀리그람 MILLIMETER MILLIGRAM
⚲ 서울시 용산구 이태원로 240 우편번호 04400

☎ 02-3210-1601
Printed in Korea
ISBN 978-89-962640-1-9 03910

게재 정보 시점은 2024년 9월입니다.
정기 휴일, 영업 시간, 상세 가격 정보 등 변경되는 경우가 있습니다.
이용 시에는 사전에 확인을 부탁드립니다.
게재된 가격은 특별한 기재가 없는 한 모두 부가세가 포함된 가격입니다.
정기 휴일은 설 연휴, 추석 연휴 등 공휴일을 생략한 경우가 있습니다.
The information provided herein is accurate as of September 2024.
Readers are advised to check in advance for any changes in closing days,
business hours, prices, and other details.
All prices shown, unless otherwise stated, include tax.
Closing days listed do not include national holidays such as Lunar new year's
holidays, Thanks giving day.

공식 웹사이트(일본어)
⌂ http://www.d-department.com/m/

글로벌 웹사이트(다국어)
⌂ http://www.ddepartment.com